SELTSAME VÖGEL

Die Siebziger oder Immer noch die „Abbey Road" –
Satirischer Roman

Reinhard Bicher

novum pro

Dieses **Buch ist** auch als

e-book
erhältlich.

w w w . n o v u m v e r l a g . c o m

Bibliografische Information
der Deutschen Nationalbibliothek:

Die Deutsche Nationalbibliothek
verzeichnet diese Publikation in
der Deutschen Nationalbibliografie.
Detaillierte bibliografische Daten
sind im Internet über
http://www.d-nb.de abrufbar.

© 2015 novum Verlag

ISBN 978-3-99048-142-4
Lektorat: Silvia Zwettler
Umschlagbild: Dipl. Ing. Martin Bicher,
technischer Mathematiker,
geb. 1988, Sohn des Autors
(Grafik: Tusche/Sepia, A3, 2015)
Umschlaggestaltung, Layout & Satz:
novum Verlag

Gedruckt in der Europäischen Union
auf umweltfreundlichem, chlor- und
säurefrei gebleichtem Papier.

www.novumverlag.com

VORWORT

Flüchtlingsströme, Flüchtlingselend, rasanter Klimawandel:
Erschreckende Realitäten, die wohl jeden Menschen hier bei uns in Zentraleuropa beschäftigen und intensive Auseinandersetzungen damit erzwingen.
Ferne, düstere, beunruhigende Zukunftsvisionen werden von brandaktuellen Situationen viel schneller als es jeglicher Vorstellungskraft entsprochen hätte, eingeholt, vielleicht in gar nicht so ferner Zukunft überholt.
Der Visionär hat ausgedient.
Aus Satire wird bitterer Ernst.
Was in der Vergangenheit wichtig war wird plötzlich ebenso belanglos wie ein alter Brief, dessen vergilbte Reste der Wind davonträgt.

PRATERSTERN

Prolog

„Zug fährt durch …“

Daniel schreckte auf und versuchte seine Augen zu öffnen, was ihm mit einiger Mühe auch gelang. Er blinzelte in den nebeligen Herbsttag hinein, musterte argwöhnisch seine Umgebung. Unter sich verspürte er die harte, mit Zeitungspapier belegte Parkbank der Gemeinde.

Da war ja der abgetragene Rucksack mit seinen paar Habseligkeiten, nur alte abgetragene Kleidungsstücke und eine Mappe mit allerhand vergilbten Dokumenten, Zettelwerk und Schreiben; da stand auch das verrostete Fahrrad, seit undenklichen Zeiten angekettet an einen Lichtmast am Rande des ausladenden Fußgängerbereichs im Umfeld des Wiener Pratersterns, einer der wichtigsten Verkehrsknotenpunkte der Donaumetropole. Das alte Ding war nicht sein Eigentum, es stand einfach dort, gehörte zu seinem persönlichen Ambiente. Sein Blick streifte flüchtig seine verschmutze, alte, löchrige Hose, deren ursprüngliche Färbung kaum mehr erkennbar war, seine dicke, jedoch fleckige dunkelgraue Jacke, und er kam letztlich beim Anblick einer grünen Doppelliterflasche nicht etikettierten Weißweins zum Ruhen, jener unvermeidlichen Flasche, die wie immer zu seiner Rechten stand, vor der Witterung geschützt und versteckt durch die Sitzfläche der Parkbank.

Daniel ergriff sie, führte sie zum Mund und trank durstig die Neige, die er am vergangenen Abend aufgespart hatte, um seinen allmorgendlichen Durst zu löschen.

Der Mann rülpste, stellte das Leergebinde an seinen ursprünglichen Platz zurück und setzte sich mühsam auf.

Er fuhr sich flüchtig durch sein schütteres weißes Haupthaar, strich langsam über seinen struppigen Bart und ließ seinen Blick über den großen Platz schweifen, der sich vor seinen Augen ausbreitete.

Es war ruhiger als sonst immer. Verwundert kratzte sich Daniel am Kopf und dachte scharf nach. Nein, Sonntag konnte es nicht sein, da hätten ihn vereinzelte Kirchenglocken geweckt, die irgendwo zu einer der selten gewordenen Morgenmessen gerufen hätten.

Nachdenklich senkte er ein paar Sekunden lang den Kopf, hob ihn aber gleich wieder und prüfte sodann seine unmittelbare Umgebung. Da standen wie immer die anderen Bänke, zum Großteil belegt von der Kollegenschaft, jenen Mitstreitern, denen das Schicksal ebenso wie ihm selbst mehr oder weniger übel mitgespielt hatte, wessen Verschulden es auch immer letztlich war.

Die meisten schliefen noch, schnarchten mehr oder weniger laut.

Einige hatten Blähungen, bliesen geräuschvoll ihre Darmgase aus und seufzten daraufhin erleichtert auf. Einige wenige regten sich und begannen bedächtig ihre Habe zu untersuchen.

Ein oder zwei regten sich gar nicht.

Daniel runzelte die Stirn. Hoffentlich war da nichts passiert. Die Polizei hatte man nicht so gerne hier. Immer gab es da Unannehmlichkeiten und alle möglichen peinlichen Befragungen.

Öfters schon hatte der Mann erlebt, wie manche Kameraden in der Früh einfach nicht mehr aufgewacht waren. Immer war die Polizei gekommen, immer hatte es Ärger gegeben, immer waren dann Leute gekommen, die die Verblichenen weggeschafft hatten. Keiner wusste, wohin; es war auch ziemlich gleichgültig. Jene hatten es einfach überstanden, wurden vielleicht sogar ein wenig um ihr Schicksal, um ihr ruhiges Dahinscheiden zu nächtlicher Stunde beneidet.

Daniel zuckte mit den Achseln; er erhob sich, streckte sich ein wenig und trat hin zur benachbarten Bank.

„He Franz! – Morgen …" Der Angesprochene blickte auf und schielte benommen.

Seine Augen waren glasig und blutunterlaufen.

„Was ist?"

„Heute ist es so ruhig, was ist heute für ein Tag?"

„Weiß ich nicht … egal …"

„Franz, denk bitte nach …"

„Vielleicht ist es Staatsfeiertag; und jetzt lass mich in Frieden."

Daniel nickte und trabte zu seiner Bank zurück.

„Staatsfeiertag, Staatsfeiertag ... Wäre gut möglich ... Saustaat ... was hat der schon zu feiern ..."

Schwer ließ er sich auf den harten Kunststoff fallen, nahm den Plastiksack, begann darin zu kramen und zog ein Stück Dauerwurst hervor.

„... was hat der verdammte Staat schon für uns ... alles weg ... alles weg ..."

Verärgert, resignierend schüttelte er den Kopf und zog behutsam, sorgfältig die Wursthaut ab, kramte sein altes Taschenmesser aus dem rechten Hosensack hervor, schnitt dünne Scheiben ab und begann mit seinen schwarzbraun verfärbten Zahnstummeln an diesen zu nagen.

Noch vor etwa einem Jahr, vielleicht bis Ende 2026 war alles ein wenig besser gewesen. Da gab es noch diverse Organisationen, die die immer unüberschaubarere Schar an Unterstandslosen mit dem Nötigsten versorgt hatte, da gab es zum Teil auch private Wohlfahrt, Leute, die kamen, um sogar das Wenige, was sie noch besaßen, zu teilen.

Diese wurden jedoch immer weniger.

Der Staat hatte längst schon nichts mehr zu geben; die Superreichen, die den überwältigenden Anteil aller Besitztümer Schritt für Schritt an sich gerafft hatten, die hatten längst der heillos zerstrittenen und verarmten EU den Rücken gekehrt, waren zum Großteil in die USA gezogen, die sich aufgrund ihrer altbewährten Geldpolitik und dem genialen staatlichen Zusammenhalt immer wieder aus allen Krisen herausmanövriert hatte. So weit war es bei der EU allerdings nie gekommen. Von einer kapitalen Krise war man in die nächste geschlittert. Statt zusammenzuwachsen, zusammenzuhalten, hatte man sich immer weiter voneinander entfernt.

Der sparsame und fleißige Mittelstand, die Kleinunternehmer waren ausgelöscht, es gab sie nicht mehr, Automatisierung, Digitalisierung, aber auch eine undurchschaubare Globalisierung hatten Millionen an Arbeitsplätzen vernichtet, zum Verschwinden gebracht. Enteignungsgesetze wurden beschlossen und wieder verworfen. Niemand fand mehr ein geeignetes Mittel, um das System zu retten, ein System, das auf Wachstum ausgerichtet war. Dieses gab es jedoch auch schon längst nicht mehr; woher auch, jeder Zuwachs der Bevölkerung betraf einzig und allein die Ärmsten aller Schichten. Woher die Kaufkraft? Woher ein Aufschwung? Alles bestand nur mehr aus Verdrängung; Märkte, Jobs, Wohnraum ...

Die elektronischen Medien wurden nach dem Willen der wenigen Mächtigen gesteuert, zensuriert, bald hatte man kaum mehr Interesse daran.

Die Spaßgesellschaft, die allgegenwärtigen Gedanken an Bequemlichkeit, Wellness, aber auch die lange Jahre selig machenden Megaevents, all das war längst Vergangenheit.

Rapide sank die Steuerleistung; machtlos musste die unfähige und unwillige, nur auf ihren Vorteil bedachte Politik zusehen.

Die Zeiten waren schlecht, blieben schlecht; armes altes Europa ...

Und geblieben war in der einst blühenden, boomenden Stadt im Herzen Europas eine Unzahl Unterstandsloser, die sich ein Dach über dem Kopf innerhalb der vor dem endgültigen Kollaps befindlichen Immobilienblase in Europas Großstädten nicht mehr leisten konnte.

Dabei ging es hier, diesseits der Donau, rund um den Praterstern und in den inneren Bezirken noch halbwegs geregelt zu. Das Leben war hier dahin gehend noch durchaus lebenswert, dass man zu essen und zu trinken hatte und sich mit seinen Mitstreitern weitgehend in seiner Muttersprache unterhalten konnte. Über den Strom hinweg nach Osten und nach Südosten des Stadtgebietes durfte man allerdings nicht hinausblicken ...

Ja, der Osten; Asien, das superreiche China, die ehemaligen Schwellenländer wie Indien oder aber auf der anderen Seite der Weltkugel auch Brasilien; das waren die gewaltigen, bevölkerungsreichen und kapitalkräftigen Märkte für die wenigen Multis, die es in Europa noch gab – allmächtige Multis. War es noch vor wenigen Jahrzehnten so, dass sich Lobbys um die Politik bemühten, mit diversen Mitteln versuchten Einfluss auszuüben, so war jetzt daraus ein reines, ein alles beherrschendes Diktat geworden, das jedem Menschen in Europa bis ins kleinste Detail vorschrieb, was er zu tun, zu essen, zu trinken und zu verbrauchen hatte, wenn das nötige Geld dafür da war.

Erneut langte der Siebzigjährige in den alten Rucksack, kramte wieder darin herum, nickte beifällig und zog eine ungeöffnete Bierdose hervor. Mühevoll und ungelenk fingerte er mit seinen zittrigen Händen an dem Verschlussnippel herum, zog ungeduldig, erfolglos daran, stieß einen derben Fluch aus, nahm einen neuen Anlauf. Ungeschickt riss er daran …

Die Aluminiumdose öffnete sich; geräuschvoll zischte, quoll der Gerstensaft aus der entstandenen Öffnung. Schwungvoll führte Daniel das Behältnis an seinen Mund, zog, saugte kräftig daran. Die Dose entglitt seinen Händen, rollte seine Hose entlang und fiel zu Boden.

„Verdammte Scheiße …"

Rasch bückte sich der Unterstandslose, um zu retten, was zu retten war.

Verärgert sah er die gelbe Pfütze größer und größer werden, wollte nach der glitschig verschmutzten Dose greifen, doch diese entglitt seinen zittrigen Händen, rollte seelenruhig in Richtung des alten Fahrrades und entleerte sich letztlich zur Gänze auf den Beton des Bodens.

„Verdammt! Immer der gleiche Mist …"

Mühsam erhob sich Daniel, humpelte hin zur leeren Bierdose und kickte sie wütend in hohem Bogen mitten auf jene dem Feiertag und der frühen Tageszeit entsprechend kaum befahrene Straße, die das Areal um den Bahnhof Wien Nord umrundete, wo sie nach einigen geräuschvollen Bocksprüngen letztendlich zum Liegen kam.

Leise, von allen unbemerkt näherte sich ein Elektroauto und streifte mit dem rechten Vorderreifen das leere Alugehäuse. Federnd sprang jenes weg, hoch in die Luft, wirbelte herum und senkte sich hin in Richtung Hauptallee, Eldorado der Jogger, die schnurgerade über etwa 4 Kilometer den grünen Prater, die Lunge der Großstadt, durchschnitt.

Daniel hasste Elektroautos. Sein Gehör war nicht mehr das Beste.

Still und unbemerkt kamen die Fahrzeuge, die sich in den letzten Jahren immer mehr durchgesetzt hatten, einher. Immer preisgünstiger waren sie geworden. Ob sie tatsächlich etwas taugten, das wusste Daniel nicht, es war ihm auch egal. Er selbst hatte längst keinen fahrbaren Untersatz mehr. Es war ihm auch recht, dass es gegenüber früheren Zeiten viel weniger Straßenverkehr gab. Die Leute hatten kein Geld für teure Treibstoffe; so gingen sie zu Fuß, die Luft war besser, reiner geworden.

Auch mit Daniels Sehschärfe war es längst nicht mehr gut bestellt.

Immer Gefahr im Verzug.

Hören, ja hören, das war früher immer wichtig für den gealterten Mann, begabten Musiker, Schriftsteller, Polyhistor, bewandert in jeder Stilrichtung der Musikgeschichte, komplex in vielen Fachgebieten ausgebildet.

Alles vorbei …

Seit Monaten hatte er nicht mehr Radio gehört. Es interessierte ihn nicht mehr. Hin und wieder fand sich eine aktuelle Zeitung, die jemand achtlos weggeworfen hatte.

In den meisten Fällen überflog er bloß die Schlagzeilen. Etwas Interessantes, etwas Positives stand ja ohnehin nicht drinnen.

Überleben …

Dazu braucht man kein Radio, kein Fernsehgerät, keine wie immer geartete Elektronik; ein sechster Sinn hatte sich entwickelt, ebenso komplex wie einfach.

Der Geruchssinn gehörte ebenso dazu wie ein halbwegs intakter Tastsinn: Wo war die Weinflasche oder die Bierdose, die Dauerwurst, das Brotstück?

Wie auch immer …

Ein lauter Schrei, ein dumpfer Fall, Stille …

Verwundert blickte Daniel in Richtung des unerwarteten Geschehens, kehrte jedoch rasch um und begab sich kopfschüttelnd zurück zu seiner Bank. Nur nicht hinsehen, nicht hinhören; macht zumeist nur Schwierigkeiten …

Missmutig ließ er sich auf die harte Sitzfläche fallen und betrachtete stirnrunzelnd erneut seine unmittelbare Umgebung.

Manch anderer hatte sich in der Zwischenzeit auch von seiner Liegestatt erhoben, verstört, verwirrt. Auch jene hatten den Kopf gehoben und in Richtung Hauptallee geblickt.

„Da liegt ja einer …“, „Was soll das?“ „Nur nicht hinschauen …“

Gemurmel …

Ruhe …

Dann wieder Geschrei, Rufe nach Polizei und Rettung.

Blaulicht, Folgetonhorn.

„Verdammt, was machen die da?“

Franz blickt nervös zu Daniel.

Dieser machte eine verächtliche Handbewegung …

„… da hat sich ein Jogger wieder übernommen …“

„… wirst schon recht haben …“

Franz blickte zu Boden und rieb sich die Nase.

Minuten verrannen; die Einsatzfahrzeuge entfernten sich, langsam wurde das Signalhorn der Rettung schwächer, verstummte.

Erneut kehrte Ruhe ein.

„Na siehst du, alles in Ordnung!“

Daniel nickt seinem Kumpanen zu. Dieser zuckte mit den Achseln und wandte sich interesselos seiner Weinflasche zu.

Monika trippelte vorbei; Daniel sprach sie an, doch die Verwahrloste reagierte nicht; seit er sich hier herumtrieb, seit ein, zwei Jahren kannte er schon die Frau. Sie sah zwar alt aus, doch sie war es letztlich gar nicht. Seltsam … Daniel schüttelte den Kopf und seufzte; mal war sie gesprächig, mal kannte sie niemanden.

Doch jeder kannte sie. Hin und wieder kam sie um eine Zigarette betteln oder auch um einen Schluck Hochprozentiges. Daniel hatte in diesem Zusammenhang oftmals Glück; er trank keinen Schnaps und war demnach auch eher selten Ziel der Betteleien.

„Muss einmal eine hübsche Frau gewesen sein …" Daniel blickte Monika ein paar wenige Augenblicke nach und zwinkerte Franz zu.

Dieser zuckte erneut mit den Achseln, rülpste und widmete sich einer Kastanie, rollte sie mit einem Fuß hin und her, rollte sie mit dem linken Fuß zu Daniel hinüber; dieser rollte sie zurück.

Die beiden Männer grinsten dümmlich, husteten lautstark und spuckten vor sich auf den Boden.

So ging das eine ganze Weile und nichts weiter geschah …

JUGENDSÜNDEN

Im Volksgarten blühten die Rosen.

Wieder einmal war Daniel überwältigt …

Die strahlende Sonne, der Maientag, diese Farbenpracht, dieser Duft …

Sein Blick glitt über die bereits vielfach besetzten Metallstühle, die an den Wegrändern adrett geordnet für Frühlingshungrige bereitgestellt waren. Sogar diesen alten harten Sesseln hatte der Frühjahrsputz und frischer grüner Anstrich zu neuem Erstrahlen verholfen.

Es waren so früh am Vormittag nahezu nur ältere Menschen, Rentner und Pensionisten, die ihren Weg in diese wunderbare und so traditionsreiche städtische Gartenanlage gefunden und sich nun auf den von der Frühlingssonne bereits angenehm durchwärmten Sitzgelegenheiten niedergelassen hatten.

Wer konnte es ihnen verdenken; der Winter war lang und kalt genug gewesen.

Die meisten Menschen schwiegen, andere unterhielten sich über anstehende Arztbesuche oder Spitalsaufenthalte, andere wieder kritisierten lautstark die Unausstehlichkeit, die Verfehlungen oder ganz allgemein die Unfreundlichkeit der diversen Nachbarn.

Daniel schüttelte verständnislos den Kopf. Reichte dieser herrliche Tag, der Sonnenschein und die Farbenpracht nicht aus, um die Laune der Leute zu heben?

Der junge Mann bedachte eine verhärmt blickende alte Frau in hellbraunem Ballonseidenmantel mit einem kurzen verächtlichen Seitenblick und wanderte zügig weiter.

Er wusste gar nicht, was letztendlich immer seine Schritte hierher an diesen ganz bestimmten Ort gelenkt hatte.

Es war allerdings schon immer so gewesen.

Viele dieser unvergleichlichen Stimmungen zwischen dem Morgen und dem frühen Vormittag hatte er während seiner

Zeit als Oberstufenschüler hier in dieser Gegend erlebt, anstatt wie die meisten anderen Kollegen pflichtschuldig die Schulbank zu drücken ...

Eigentlich hätte er auch heute schon längst an der Universität weilen und sein Pflichtseminar besuchen sollen.

Irgendwie aber hatte es ihn wieder hierher gezogen.

Die Uni mochte warten; sie würde wahrscheinlich noch länger stehen ...

Das letzte Seminar hatte er ja auch schon versäumt und damit einmal mehr ein Semester nahezu in den Sand gesetzt.

Der Zweiundzwanzigjährige blickte unschlüssig durch die Gegend. Er sah auf seine Armbanduhr ...

Ja, sein Stammcafé müsste schon geöffnet haben.

Er zündete sich eine Zigarette an, beschleunigte seine Schritte, besuchte ganz kurz noch die monumentale Plastik der Kaiserin Elisabeth, umrundete mit einigem Abstand den Theseustempel und verließ die Parkanlage in Richtung Ballhausplatz.

Theseustempel ... Daniel schmunzelte in sich hinein. Immer noch, viele Jahre später hielt er nahezu automatisch diesen Respektabstand. Wie oft doch hatten ihm seine Eltern während der Schulzeit dringend nahegelegt, diesen Platz zu meiden. Immerhin war dort damals, zu Anfang der 70er, die Wiener Drogenszene der 68er beheimatet. Diese Zeiterscheinung war allerdings an Daniel und seinen Alterskollegen, die in den sogenannten bürgerlichen Bezirken westlich der Wiener Innenstadt unweit der Ringstraße lebten, ziemlich spurlos vorbeigegangen; alle waren einige Jahre zu jung dafür gewesen.

So gab man sich – zumindest in seinen Kreisen und einem geänderten Zeitgeist gehorchend – mit Zigaretten und Alkohol zufrieden, wobei man zumeist harte Getränke mied und den Konsum auf Bier und Wein beschränkte. Rauchen, ja das Rauchen war in und lag voll im Trend. Nur Mädchen oder junge Frauen, die untertags auf der Straße rauchten, sah man nicht gerne. Dieses Laster öffentlich zu präsentieren war zu dieser Zeit eher dem männlichen Geschlecht vorbehalten.

Ein wenig anders war allerdings die Situation in den noblen Wiener Außenbezirken; da gab es sehr wohl rauschende Partys,

Drogenexzesse, weitab von Kontrollen, ganz privat und abgeschieden, undenkbar für den innerstädtischen Bereich. Alles wäre hier aufgrund der dichten Besiedlung binnen kürzester Frist aufgeflogen ...

„Guten Morgen ..."

„Guten Morgen, Herr Daniel ... Heute keine Uni?"

Der Oberkellner Hans begrüßte den soeben im Lokal erschienenen jungen Mann sehr freundlich. Immerhin hatte man es diesem zu verdanken, dass sich vor mehreren Jahren eine ganze Clique aus Daniels Gymnasialklasse dieses Café zu ihrem Stammlokal auserkoren hatte. Zufall oder Daniels Willensstärke – als Schüler besuchte man zu dieser Zeit kein Altwiener Café, das klang, das war nostalgisch und damit verpönt.

„Doch, Herr Hans ... später ..."

Daniel log bewusst, denn der Oberkellner kannte seine Stammgäste recht genau.

Deren Wohlergehen lag diesem sehr am Herzen und deshalb wollte Daniel keine unnötige Diskussion.

Er nahm an einem der Tischchen Platz und fischte nach einer der Tageszeitungen, die wie gewohnt wohlsortiert auf einem Metalltisch in Daniels Griffweite lagen.

„Eine Melange, wie immer?"

„Ja, danke, Herr Hans ..."

„Herr Daniel, wie viel haben Sie eigentlich im letzten Jahr abgespeckt?"

Bewundernd blickte der Kellner den gertenschlanken, gut aussehenden, jungen Mann an.

„So ungefähr 35 kg, Herr Hans ..."

Dieser schüttelte den Kopf ...

„Wie schafft man das bloß?"

„Mühsam, sehr mühsam ... strenge Diät, kein Tropfen Alkohol ..."

Daniel dachte nach ...

Wofür hatte er sich das eigentlich angetan?

„… war für Sie sicherlich sehr wichtig, Herr Daniel …"

Diskret lächelnd zog sich der Kellner zurück und Daniel widmete sich der vor ihm liegenden Zeitung.

Der junge Mann war allerdings keineswegs bei der Sache. Die Worte des Oberkellners beschäftigten ihn.

Er überflog die Schlagzeilen, die Artikel, die Buchstaben, ohne den Sinn und den Zusammenhang der Wörter, Zeilen und Sätze zu begreifen. Er blickte kurz auf, nestelte an seinem dunkelblauen Samtsakko herum, überprüfte nachdenklich den Sitz des Knotens seiner Krawatte und griff nach der Zigarettenschachtel, die neben der Tasse mit dem dampfenden Aufgussgetränk lag. Daniel atmete tief durch und sog den Kaffeeduft in sich auf. Gleichzeitig fingerte er an der bunten Schachtel herum, entnahm dieser eine Zigarette und führte sie zum Mund.

Er blickte kurz um sich, griff in die rechte Sakkotasche und holte sein Feuerzeug hervor. Nach zwei missglückten Versuchen brachte er den schweren vergoldeten Flammenspender endlich in Gang …

Daniel betrachtete das wertvolle Feuerzeug, runzelte indigniert die Stirn, zuckte sodann mit den Achseln, tat einen tiefen Zug und blies den Rauch zur Decke des Lokales hinauf. Er sah den Partikeln nach, die sich nach und nach verteilten, einen eigenartigen hellblauen Ring bildeten und mittels des Lufthauchs, der durch die sich öffnende Türe des Cafés hereinströmte, urplötzlich ins Nichts zerstoben.

Er legte die Zigarette an den Rand des metallenen Aschenbechers, der am Rande des Tisches stand, sah noch kurz der schmalen aufsteigenden Rauchsäule nach und legte die Zeitung auf das benachbarte Tischchen.

Daniel wandte sich zur Seite, bückte sich, kramte in seiner neben ihm auf dem Boden stehenden Tasche, holte Papierblock und Kugelschreiber hervor und begann gedankenverloren vor sich hin zu kritzeln.

„Oh, sind wir heute in Schreiblaune?"

Augenzwinkernd hatte sich Herr Hans genähert, um seinem Stammgast zwei Gläser frischen Wassers zu bringen.

„Keine Ahnung …"

Daniel sah den Oberkellner kurz prüfend an, wandte sich aber sogleich ab und ließ seinen Blick auf den soeben gebrachten Gläsern ruhen …

„… aber – danke sehr, Herr Hans …"

„Keine Ursache."

Für den langjährigen Zahlkellner eines Wiener Innenstadtcafés eine Selbstverständlichkeit.

Frisches Wasser zu servieren gehörte einfach zur Wiener Kaffeehauskultur; alles andere wäre eine sträfliche Unterlassung.

Daniel kratzte sich gedankenverloren hinter dem rechten Ohr und blätterte mit der Linken die Seiten seines Schreibblocks durch. Wo war die Kreativität der letzten Tage und Wochen geblieben? Fünf Mundartgedichte und drei Kurzgeschichten hatte er da geschrieben.

Der junge Mann fühlte sich leer, blockiert und völlig ideenlos.

Vielleicht hätte er sich in den letzten Monaten wirklich mehr seinem Jurastudium widmen sollen. Er hatte sich da wohl ziemlich treiben lassen …

Daniel fühlte mehr denn je zuvor die Schwierigkeiten eines Multitalentes voller Selbstzweifel.

Er war nämlich auch ein hervorragender Saxofonist.

Vor zwei Jahren hatte er das letzte Mal ein Jahresabschlusskonzert bei seinem Musikpädagogen mit Bravour absolviert.

Dann war Schluss …

Der Professor hatte gemeint, er könne ihn technisch und musikalisch nun nichts mehr lehren.

Daniel hatte den älteren Herrn sehr geschätzt. Er hatte nicht nur auf eine hervorragende fachliche Ausbildung Wert gelegt, sondern auch ganz generell auf Pünktlichkeit und gutes Benehmen. Nach der Matura hatte Daniel auch nichts mehr für seinen Musikunterricht bezahlen müssen. Dem akademisch ausgebildeten Lehrer hatte es einfach Spaß gemacht, mit dem talentierten jungen Musiker gemeinsam klassischen Jazz zu musizieren.

Eigentlich schade, dass das Selbstbewusstsein des jungen Mannes ein so schwach ausgebildetes war. Er hätte sich vor ein paar Jahren, direkt nach der Reifeprüfung, wirklich der Aufnahmeprüfung für ein Musikstudium an der Akademie unterziehen sollen.

Doch hatte er entgegen allen gut gemeinten Ratschlägen, die ihn hin zu einer künstlerischen Ausbildung gedrängt hatten, gekniffen.

Allerdings war Daniel zusätzlich sprachlich hochbegabt.

So hatte er sich also für ein Germanistikstudium und damit für die Sprachwissenschaft entschieden; letztlich ein fauler Kompromiss.

Denn, wie sich herausstellte, sollten der Betrieb an dieser Fakultät und die eher trockenen Lehrinhalte so gar nicht sein Ding sein. Er schätzte vielmehr das Jonglieren, das Spiel mit seiner geliebten deutschen Sprache.

Nach zwei wenig erfolgreichen Semestern brach er das Studium ab und wandte sich der Rechtswissenschaft zu.

Daniel schüttelte den Kopf, blickte erneut auf den aufsteigenden Rauchfaden seiner Zigarette und musterte nachdenklich die alte verschmutzte Tapete der gegenüberliegenden Wand.

Auch wenn er es sich absolut nicht eingestehen wollte – die Jurisprudenz war noch viel weniger nach seinem Geschmack.

„Servus, alter Junge …"

„Hallo, Robert, habe dich gar nicht kommen gehört …"

Daniel war verwirrt. War er doch tatsächlich derartig in Gedanken versunken gewesen, dass er das plötzliche und unerwartete Erscheinen des alten Schulfreundes überhaupt nicht wahrgenommen hatte.

„Auf welcher Wolke schwebst denn du gerade?"

„Wolke sieben, wenn du es genau wissen willst, aber setz dich doch und bestell dir einen Kaffee!"

Daniels Gesicht verzog sich zu einem Grinsen.

Mehr als zehn Jahre war er nun schon mit Robert eng befreundet.

Die beiden hatten unheimlich viel miteinander erlebt und auch gemeinsam die Schulbank gedrückt.

„Lernst du oder schreibst du, Daniel? Ich will dich wirklich nicht stören, wenn dich gerade der Arbeitseifer gepackt hat."

Robert kannte seinen Freund zu gut.

Er wusste über dessen schwierigen Charakter und dessen mangelnde Entscheidungsfreudigkeit viel zu gut Bescheid. Er wusste schon aus Schulzeiten, wie schlecht sich oftmals dessen Talente und Ehrgeiz mit seiner schier unglaublichen Faulheit vertragen hatten.

„Ach wo, du störst mich überhaupt nicht."

„Warum wundert mich das gar nicht, alter Junge?"

Robert sah Daniel hintergründig an.

„Wie geht es dir übrigens mit der Sylvia?"

„Na ja, ging schon wesentlich besser, Robert ..."

„Wie das?"

„Sie war gestern schon wieder so seltsam. Ich glaube, sie ist noch immer auf Drogen und Alkohol."

„Na schöne Scheiße ..."

Robert, der Technikstudent, runzelte besorgt die Stirn.

Wie oft hatte er doch Daniel gewarnt, er möge auf Distanz zu seiner, Roberts, Exfreundin gehen. Irgendwie hatte er beiden Menschen gegenüber ein ziemlich schlechtes Gewissen. Die Art, wie er vor bald zwei Jahren mit dem Mädchen Schluss gemacht, sie von einem Tag zum anderen verlassen hatte, war wahrlich nicht die feine Englische gewesen. Und das alles wegen einer mehr als durchschnittlichen Studienkollegin, die keineswegs Sylvias Klasse hatte. Dass Daniel sodann für das Mädchen da sein würde, war für Robert schon vorher ziemlich offensichtlich gewesen.

Dass dieser sich allerdings Hals über Kopf, unsterblich in sie verlieben würde, war in dieser Tragweite allerdings nicht vorauszusehen gewesen. Daniel war zu dieser Zeit immer der dickliche, nicht wirklich attraktive und auch wenig gefährliche „Tröstertyp" gewesen, dem die Mädchen in schöner Regelmäßigkeit immer genau dann zuliefen, wenn sich diese in seelischen Nöten oder in besonderem psychischen Aufruhr befanden.

Der junge Mann, das behütete, vielleicht auch ein wenig verwöhnte Einzelkind aus gutbürgerlichem Haus, war für die Betreffenden immer die starke Schulter, der Fels in der Brandung, der Mensch, dem man allen Kummer, alle Sorgen und alle gebrochenen Herzen auf einmal aufladen konnte, der immer Verständnis und Trost zu spenden hatte. Waren die gröbsten Wunden dann „verpflastert" und notdürftig verheilt, fanden die jungen Damen rasch wieder ihre vermeintlich nächste große Liebe; Daniel hing dann für kurze Zeit oftmals noch sicherheitshalber am Haken, ließ sich auf spätere Zeiten, weil derzeit mangelnde Bereitschaft der Betreffenden zu einer neuen Beziehung, vertrösten. Letztlich wurde er dann in die Versenkung verbannt und blieb seelisch gezeichnet, verstört und mit einem neuen traurigen Kapitel seines erbärmlichen Liebeslebens behangen übrig.

All das hatte sich nun gewaltig verändert.

Robert warf einen kurzen bewundernden Seitenblick auf das neue, gepflegte, nahezu perfekte Äußere seines Freundes.

„… und, was unternimmst du nun?"

„Robert, ich glaube, ich kann und will da nicht viel unternehmen. Sylvia ist derzeit so kaputt. Sie redet nur noch Scheiß. Und ihre hellen Momente werden immer seltener. Sie hat da einen Studienfreund in einem Seminar, der dürfte eine gute Quelle für Stoff aller Art sein …"

Bekümmert blickte Daniel zu Boden. Er selbst hatte ja nie mit Drogen zu tun gehabt. Er kannte sich auf diesem Gebiet auch nicht aus.

Unsterblich hatte er sich in das verlassene Mädchen verliebt, was nachträglich gesehen etwas absolut Unvernünftiges gewesen war.

Vernunft …

Was hat Verliebtheit mit Vernunft zu tun? Wie oft hatte man ihn gewarnt, ihm gut zugeredet, er möge die Finger von dem Mädchen lassen? Die Emotion, das Gefühl war einfach stärker gewesen, hatte ihn ganz im Besitz genommen, blind war er in sein Verderben gerannt und hatte keine Ahnung, wie er jemals würde entkommen können.

Sylvia hatte ihn in ihrer emotionell so schwierigen Lage einfach gebraucht, verbraucht …

„Also am tollsten war der Leopold Rudolf als Professor, was meinst du?"

Sylvia sah Daniel fragend an.

„Finde ich auch … der ‚Professor Bernhardi‘ von Schnitzler ist überhaupt eines meiner Lieblingsstücke."

Daniel nickte zustimmend, half dem Mädchen aus dem Pelzmantel und hängte das Kleidungsstück auf einen Haken, der jederzeit für sie beide zu sehen war.

Er blickte auf seine Armbanduhr.

Halb elf …

Ein Glück, dass ihr Stammheuriger nicht vor Mitternacht Sperrstunde hatte.

Die beiden nahmen an einem hübschen kleinen Ecktisch Platz und Daniel bestellte.

Ja, der Besuch dieser Vorstellung im Theater in der Josefstadt war tatsächlich außergewöhnlich schön und anregend gewesen.

Gleich nach dem Fall des Vorhanges waren sie mit der Straßenbahn in jenen wunderbaren Wiener Außenbezirk gefahren, in dem Sylvia zu Hause war.

Sie bewohnte dort ein eigenes kleines Domizil, was für die Altersgruppe der zwanzigjährigen Studenten in den ausklingenden 70er-Jahren eher ungewöhnlich, und deshalb zweifelsfrei höchst attraktiv war.

Daniel liebte diese Gegend, das viele Grün, die hübschen Vorstadtgassen, die Villen, die vielen romantischen Heurigenschenken.

Im letzten Sommer hatte er schon einmal nach einer wilden Fete bei Sylvia übernachtet. Damals war sie allerdings noch mit Robert zusammen gewesen.

War das die Zeit, in der er sich bereits heimlich in das bildhübsche, so charmante dunkelblonde Mädchen verliebt hatte? Daniel wusste es nicht, es war ja auch völlig nebensächlich …

Er nahm das vor ihm stehende, mit Nussberger Riesling gefüllte Henkelglas zur Hand und führte es zum Mund …

„Prost, Sylvia!"

Freundlich nickte ihm das Mädchen zu.

„Prost!"

Daniel zuckte ein wenig zusammen. Sylvia klang wieder einmal so entzückend sexy. Offensichtlich war es der winzige Fehler bei der Bildung von Dentallauten, der zusätzlich zu ihrer dunklen, ein wenig rauchigen Stimme diese besondere Charakteristik ausmachte.

Daniel lehnte sich an die mit dunklem Holz vertäfelte Wand.

Aus den Augenwinkeln heraus beobachtete er die Blicke des blauäugigen Mädchens, die einige Augenblick lang unschlüssig die massigen Formen seines Oberkörpers streiften.

Nicht einmal das weite weiße Hemd, die modische Krawatte und das schwarze Sakko konnten letztendlich die Auswirkungen gewaltiger kulinarischer und alkoholischer Eskapaden der letzten Wochen und Monate wirklich verschleiern.

Immerhin hatte kürzlich in seiner Wohngegend inmitten eines klassisch gutbürgerlichen Wiener innerstädtischen Bezirks eine Pizzeria ihre Pforten eröffnet. Im Wien der 70er-Jahre war das noch eine echte Rarität, und es war der Verzehr einer dieser für mitteleuropäische Begriffe durchaus noch recht neuartigen, runden, belegten und zu dieser Zeit noch mit besonders reichlich Öl versehenen Hefeteigscheiben oftmals eine spätabendliche Aktion.

Man traf dabei Freunde und Bekannte und sprach gemeinsam auch dem damals noch recht teuren und eher selten zu erhaltenen Chianti zu …

Fast unmerklich zuckte Daniel seine Achseln und seufzte ein wenig.

„Was hast du denn? Ach, kannst du mir eine Zigarette borgen – ich habe keine mehr."

„Klar, Sylvia."

Unverzüglich bot der junge Mann dem Mädchen seine geöffnete Zigarettenpackung dar.

„Danke."

Fasziniert betrachtete Daniel die feinen Linien ihres hübsch geschnittenen Gesichtes, ihre leicht erhöhten Backenknochen, die leuchtenden wunderschönen dunkelblauen Augen …

Gott, es hatte ihn erwischt wie wahrscheinlich noch nie in seinem ganzen bisherigen Leben.

„Darf ich noch etwas bringen, meine Herrschaften? Wir haben dann bald Sperrstunde."

Daniel warf Sylvia einen fragenden Blick zu.

„Wollen wir noch eine Runde?"

„Ich weiß nicht – morgen früh habe ich ein unangenehmes Proseminar, Daniel. Aber wenn du meinst …"

Daniel wies auf die leeren Gläser und gab der Servierkraft ein kurzes zustimmendes Zeichen.

„Wird uns schon nicht umbringen, was meinst du?"

„Na schön, aber dann musst du mich kurz entschuldigen."

„Kein Problem, tu, was du tun musst …"

Sylvia erhob sich von der Holzbank, wandte sich um und strebte eilig der auf der anderen Seite des Heurigenlokals befindlichen Toilettentür zu.

Daniel blickte dem Mädchen unverwandt nach. Wie doch deren weißer Rock die prachtvollen Formen ihres verlängerten Rückens betonten und die schwarzen Lederstiefel einen reizvollen farblichen Kontrast dazu bildeten …

Sylvia betrat die Toilette, verriegelte sorgsam die Türe hinter sich und atmete tief durch. Sie brauchte unbedingt ein paar Minuten Nachdenkpause.

Sie stützte gedankenverloren ihren Kopf mit ihren Händen, während sie ihre Notdurft verrichtete, riss ein paar Blätter Toilettenpapier vom Spender ab und putzte sich die Nase.

Sicher, es war sehr nett gewesen, dass Daniel sie kürzlich über Silvester besucht hatte, als sie sich mit einigen Studienkollegen auf Skiurlaub befunden hatte. Sie hatte sich wirklich sehr darüber gefreut. Noch dazu hatte der junge Mann die letzten paar Kilometer mit der Bahn fahren müssen, da die Straßen aufgrund von heftigen Schneefällen nahezu unpassierbar gewesen waren. Gerade eine Stunde vor Mitternacht war er endlich eingetroffen. Große Sorgen hatte sie sich um ihn gemacht …

Und sie hatte ihn in dieser Nacht letztendlich heftig geküsst, was vielleicht keine so gute Idee gewesen war. Sie wusste, dass Daniel nicht sehr viel Erfahrung mit ernsthaften Beziehungen und ganz allgemein mit dem weiblichen Geschlecht hatte. Welche Hoffnungen er sich da möglicherweise nun machte?

Gut, ja, sie mochte den jungen Mann wirklich sehr gerne, sie genoss die gemeinsamen Theater- und Restaurantbesuche, alles Aktivitäten, die eher nicht Roberts Dinge gewesen waren. Das waren in diesem Fall eher die gemeinsamen Nächte …

Sylvia stand auf, richtete ihre Kleidung und lehnte sich etwas ratlos an die Seitenwand der Toilettenkabine.

Ohne Zweifel, auch die gemeinsame kleine Weihnachtsfeier im engsten Freundeskreis und natürlich auch die Tatsache, dass Daniel sie am Christtag zur Abfahrt in den Skiurlaub zum Bahnhof begleitet hatte, das alles war auch sehr schön gewesen.

So unendlich traurig hatte er gewirkt, als sie ihm aus dem wegfahrenden Zug zugewunken hatte.

Die Einundzwanzigjährige blickte sorgenvoll auf ihre Armbanduhr.

Für einen neuen Freund fühlte sie sich einfach nicht bereit und Daniel war nicht Robert. Wie weit durfte sie gehen, was durfte sie zulassen? Sie wollte niemanden bewusst verletzen, sie wollte jedoch auch nicht erneut verletzt werden.

Immerhin hatten sie beide recht kräftig dem Weißwein zugesprochen und sie, Sylvia, traute Daniel in Sachen Verhütung und ganz allgemein in sexueller Hinsicht nicht recht. Sie selbst hatte von dem Augenblick an, als sie von Robert im letzten Spätherbst verlassen worden war, die Pille nicht mehr genommen. Sie hatte diese ohnehin immer schlecht vertragen …

Obwohl sie schon einige Monate mit keinem Mann mehr Sex gehabt hatte und sie durchaus Lust dazu zu verspüren vermeinte, empfand sie die heutige Situation als zu gefährlich.

Sylvia griff in ihre Handtasche und kramte geraume Zeit darin herum …

Nach einigem Suchen förderte sie den Tampon zutage, den sie trotz der Tatsache, dass sie zurzeit nicht unwohl war, immer zur Not dabeihatte. Diesen wollte sie verwenden. Vielleicht ließ sich so einiges verhindern …

„Na sag einmal! Wo hast du denn so lange gesteckt? Ich dachte mir schon, du bist vielleicht ins Klo gefallen."

Daniel lachte hellauf, als er das Mädchen kommen sah.

„… komm, wir sollten austrinken und gehen … die Wirtsleute sind schon etwas ungeduldig, man will endlich schließen …"

„Ist ja O. K., Daniel."

Sylvia biss sich auf die Lippen. Sie hatte aus unklaren Gründen ein schlechtes Gewissen. Der junge Mann war in so guter Laune. Hatte sie ihm gar irgendwie unrecht getan? Wenn sie bloß wüsste, was sie wirklich von ihm wollte … einen klaren Gedanken konnte sie im Moment ohnehin nicht mehr fassen …

„… aber eine Zigarette geht schon noch, oder?"

Sylvia warf der ungeduldig hinter der Theke hin und her wandernden Serviererin einen schüchtern fragenden Blick zu.

„Aber ja, Fräulein. Sie sind ja diesmal ausnahmsweise nicht die allerletzten Gäste hier."

Die Kellnerin lächelte etwas gequält und wies auf einen anderen Tisch, auf welchem noch ein anderes Pärchen eng umschlungen und küssend saß.

„… könnte ohnehin noch länger dauern …"

Daniel und Sylvia hatten ausgetrunken.

Der junge Mann half dem Mädchen in ihren Pelzmantel und öffnete die Türe des Lokals.

„Auf Wiedersehen – schau doch, Sylvia, wie toll es schneit!"

Innerhalb der letzten vielleicht eineinhalb Stunden, welche die beiden in dem Lokal zugebracht hatten, waren bestimmt zwanzig Zentimeter feinsten Pulverschnees gefallen. Dazu wehte ein leichter, jedoch eisiger Wind. Schon nach wenigen Metern begann das mittelgroße schlanke Mädchen trotz ihres warmen Fuchspelzmantels vor Kälte zu zittern. Hatte sie doch schon die letzten Minuten in der wohligen Wärme der Heurigenschenke ein ziemliches Kältegefühl empfunden. War das gar eine Art Unsicherheit, was sie da empfand?

Sylvia konnte plötzlich die Erinnerung nicht wegschieben, dass es ja eigentlich Daniel war, der ihrem heiß geliebten Robert beim Auszug aus ihrer kleinen Wohnung geholfen und ihn und alle Relikte der traumhaft schönen gemeinsamen Zeit von ihr weggebracht hatte.

Die Studentin biss sich abermals auf die Lippen und räusperte sich nervös.

So ein Unsinn – was konnte den Daniel dafür, dass ihrer beider Freund sie verlassen hatte? Den Vorwurf konnte sie ihm bei Gott nicht machen …

Trotzdem blieb das Bild in ihrer Erinnerung bestehen, und es war im Augenblick klarer denn je zuvor.

Daniel öffnete seinen Mantel und bedeckte mit der einen Hälfte des Kleidungsstückes das neben ihm dahinschreitende Mädchen.

Sylvia verschränkte ihre Arme vor der Brust. Eine Art innerer Abwehr machte sich in ihr breit.

„Dir wird kalt werden, Daniel …"

„Ist nicht so schlimm. Wir haben ja nicht mehr weit bis zu dir nach Hause."

„Das nicht, aber immerhin musst du ja noch bis zur Straßenbahnstation weitergehen. Den letzten Zug müsstest du in jedem Fall noch erreichen."

Daniel schwieg. Er betrachtete ihrer beider Fußstapfen im Schnee: zwei größere, zwei kleinere. Ein Mädchen wie Sylvia hatte er sich in seinen kühnsten Träumen immer gewünscht.

Bitterkalt war es und still, aber wunderschön. Daniel liebte die Kälte, den Winter und den Schnee.

Schon im Gymnasium hatte er diese Vorliebe einmal zu Papier gebracht:

„Winter wird's, es fallt der Schnee
von dem schwarzen Himmel runter.
Fallt so dicht, dass ich nix seh
und die Kälten macht mi munter.
Es is für mi a klanes Wunder,
das Resignieren der Natur.
In meiner Seel wird's immer bunter,
siecht das Aug das Weiße nur."

Genauso fühlte sich Daniel gerade in diesem Moment.

Dem neben ihm durch den jungfräulichen Schnee stapfenden Mädchen entströmte ein feiner, jedoch betörender Parfumduft, dessen Wahrnehmungsmöglichkeit wegen der herrschenden großen Kälte umso bemerkenswerter war. Es war ein Duft, der so sensationell zu Sylvia passte und der in Daniels hochempfindlichem limbischen System eine ganze Kaskade von Empfindungen und einen ganzen Schwarm an Schmetterlingen im Bauch auslöste.

Er musste das Mädchen haben, sofort, auf der Stelle. Er konnte nicht mehr denken; alles Rationale, alle Ängste vor einer Entscheidungsfindung schienen urplötzlich ausgeschalten, weggeschoben, vom Schnee zugedeckt.

Und trotzdem ... verdammt ...

Daniel biss die Zähne zusammen, denn heftige Übelkeit machte sich in ihm breit. Es war allerdings keineswegs die Auswirkung übermäßigen Weinkonsums, sondern vielmehr die psychosomatischen Zeichen von extremer Verliebtheit, gepaart mit panischer Versagensangst. In den letzten Wochen hatte er dieses unangenehme Gefühl regelmäßig, wenn er sich Sylvias Wohngegend genähert hatte. Mit einem Glas Bier in der nächstgelegenen Gaststätte war für den Liebeskranken dieser Zustand zumeist in den Griff zu bekommen ...

Daniel hatte zwar in der Vergangenheit des Öfteren mit diversen Mädchen geknutscht und ein wenig herumgefummelt, richtig geschlafen hatte er aber bislang noch mit keiner. Dazu war es nie gekommen; die Mädels hatten immer im letzten Moment abgeblockt.

Was wäre, wenn er nun gerade bei Sylvia versagen würde, wenn Sylvia erkennen würde, was er denn für ein schreckliches Greenhorn wäre ... ein grauenhafter Gedanke!

Daniel schluckte ein paarmal, als sie um die letzte Ecke vor Sylvias Wohnhaus bogen, und seine Schritte verlangsamten sich.

„Was ist?"

Sylvia wunderte sich und sah ihren Begleiter von der Seite an.

„... es ist doch schweinekalt ... und die Straßenbahn wird dir davonfahren ..."

„Na und – immerhin hast du zehn Meter von hier entfernt eine warme Bleibe."

„Ja, das stimmt allerdings …"

Sylvia löste sich sanft aus Daniels Umarmung und versuchte bei der herrschenden Dunkelheit den Haustorschlüssel aus ihrer Handtasche hervorzukramen, was angesichts der vor Kälte klammen Finger ein ziemlich schwieriges Unterfangen war.

Doch es gelang letztlich.

Krampfhaft hielt sie Tasche wie Handschuhe fest.

„Also dann, komm gut nach Hause, danke für den schönen Abend und – bis bald."

Das Mädchen steckte den Schlüssel ins Schloss, öffnete das Haustor und nickte Daniel unsicher und indifferent zu.

Dann betrat sie rasch, und ohne sich noch einmal umzuwenden, den Hausflur.

Leise schloss sich die Tür.

Verzweifelt und ratlos wandte sich Daniel ab, knöpfte seinen dicken Wintermantel zu und begann langsam in Richtung Straßenbahnstation zu traben. Übelkeit wie Hoffnung schwanden; resignierend setzte er Schritt vor Schritt und blickte nunmehr interesselos auf die weiße Pracht, die der Himmel in so großer Menge freigab.

„Daniel …"

Überrascht sah sich der junge Mann um. Noch keine fünfzig Meter war er gegangen.

„… komm zurück – du wirst die letzte Straßenbahn nicht mehr schaffen."

Silvia war ihm nachgelaufen und stand ihm nun lächelnd gegenüber.

Er hatte sie nicht kommen hören.

Der viele Schnee hatte alle Geräusche verschluckt.

Das Mädchen streckte ihm ihre Hände entgegen.

„Los, gehen wir schnell …"

„Na wenn du meinst …"

Daniel war außer sich vor Glück.

Die beiden hasteten Hand in Hand durch den Schnee, dass es nur so staubte.

Schon im Stiegenhaus entledigten sich Daniel und Sylvia ihrer Mäntel und sie hatten die Wohnungstüre noch nicht hinter sich zugeschlossen, lagen sie sich schon küssend in den Armen.

„Warte ein bisschen, Daniel … gehen wir doch ins Wohnzimmer und legen wir uns eine Platte auf. Vorher gehe ich uns noch eine Flasche Wein holen."

„Gerne, klar …"

Sylvia trabte in die winzige Küche, öffnete den Kühlschrank, zog eine Flasche Weißwein hervor und kehrte zu Daniel ins Wohnzimmer zurück.

„Hier, schau … meinst du, ist der gut?"

Sylvia präsentierte dem jungen Mann die Flasche. Dieser nahm sie in an sich, drehte sie in seinen Händen herum und prüfte das Etikett.

„Was ist das für ein Gesöff? Kenne ich nicht."

„Hm, weiß nicht; habe ich vorgestern gekauft."

„Wo?"

„In dem neuen kleinen Markt um die Ecke – du weißt schon!"

„Das gibt es ja nicht!"

Daniel brach in schallendes Gelächter aus.

„Da wohnst du in einer Gegend, wo man kaum fünf Gehminuten vom nächsten Heurigen entfernt ist, und trotzdem kaufst du Wein im Supermarkt! Schäm dich!"

Sylvia errötete, zuckte mit den Achseln und blickte einige Sekunden lang betreten zu Boden.

Schweigend wandte sie sich um, entnahm der Ablage hinter sich zwei Gläser und einen Korkenzieher und reichte diesen Daniel.

Jener blickte die Flasche erneut skeptisch an, entkorkte ihn sorgsam und roch am Flaschenhals.

Das Mädchen beobachtete jede seiner Bewegungen und lächelte still vor sich hin.

„… ein echter Profi …"

„Danke für die Blumen … lass mich jetzt einschenken."

Sylvia hielt dem Jungen die leeren Gläser hin.

Daniel schenkte ein.

Die beiden prosteten einander zu und umarmten einander zärtlich.

Nach einigen Sekunden löste sich Sylvia aus der Umarmung und ergriff Daniels Linke; mit der Rechten nahm sie die Schallplatte und versuchte den Tonträger aus der noch ganz neuen und deshalb etwas steifen Plattenhülle herauszubekommen, was mit einiger Anstrengung letztendlich auch gelang.

Daniel stellt sein Glas ab und nahm die leere Hülle zur Hand.

„‚Beautiful Noise' von Neil Diamond – toll, von der Scheibe kenne ich ja wirklich nur den Titelsong."

„Kunststück, du Dummkopf, die Platte ist ja erst kürzlich bei uns erschienen!"

Sylvia nahm Daniel bei den Händen ...

„Wollen wir tanzen?"

Sylvia wusste, dass der junge Mann ein sehr guter und begeisterter Tänzer war. Das hatte er schon beim letzten Universitätssommerball hinlänglich bewiesen.

„Gerne ..."

Offensichtlich dachte Daniel im Moment an dasselbe Ereignis. Er lächelte still in sich hinein.

„Was hast du denn?"

„Ach nichts."

„Schummel nicht! Du denkst doch auch gerade an den Uniball."

„Woher weißt du das, Sylvia?"

„Weil ich vielleicht nicht ganz dumm bin ..."

„War nicht einer unserer besten Tage."

„Wieso, so ausgiebig getanzt hatte ich mein ganzes Leben noch nicht."

Sylvia trank ihr Glas aus, schenkte sich erneut ein und streichelte Daniel sodann liebevoll am Nacken. Sie nahm ihn eine Spur fester in ihre Arme.

„Also, wenn du nicht gewesen wärst, hätte der ganze Ball in einer Katastrophe geendet."

„Ach ja?"

„Klar, Daniel, kannst du dich denn gar nicht mehr an das Debakel mit Robert erinnern?"

„Oh ja ... ich wollte einfach nur die Dinge ein wenig verdrängen, die in den Morgenstunden passiert waren."

„Welche?"

Sylvia runzelte die Stirn …

„Hey, so besoffen warst du, dass du dich an die schrecklichen Details nicht mehr erinnern kannst?"

„Offensichtlich …"

Sylvia konnte sich sehr wohl genau erinnern, wollte aber die Begebenheiten aus Daniels Mund hören. Sie wollte wissen, wie ehrlich und mutig der junge Mann tatsächlich war.

„Na also, bitte … Zwischen Robert und dir hatte es ja schon eine Weile nicht mehr wirklich gestimmt. Unterbrich mich bitte, wenn ich Blödsinn labere."

„Klar!"

„Er hatte ein anderes Mädel zum Ball mitgebracht, was aber an sich nicht so tragisch gewesen war, da wir ja beschlossen hatten, als ganze Gruppe hinzugehen."

„Korrekt …"

„An sich wäre die Sache ja ganz lustig gewesen, wenn dich Robert nicht im Regen hätte stehen lassen. Ich muss zugeben, dass ich dich zu besagter Zeit noch nicht unbedingt ins Herz geschlossen hatte. Ich kannte dich wahrscheinlich auch viel zu wenig."

„Aber anscheinend hatten wir uns dann doch an diesem Abend viel besser kennengelernt, glaubst du nicht?"

„Klar, Sylvia, das glaube ich sehr wohl. Sonst wäre ich ja nicht völlig ausgerastet, als Robert dich mir irgendwann spät nach Mitternacht buchstäblich aus der Hand gerissen hatte. Ich hatte wohl vergessen, dass du ja noch immer de facto mit ihm zusammen warst. Mich hat der Gedanke damals krank gemacht. Erst kümmert er sich den ganzen Ball lang nicht um dich und dann macht er ein Eifersuchtstheater …"

„Weißt du, Daniel, ich glaube, er hatte auch zu viel getrunken. Bier und Wein waren billig und wir hatten ja auch vor dem Ball bei Roberts Schwester einigermaßen vorgetrunken …"

„Ja ich denke, es war so. Erinnerst du dich an das Morgengrauen im Rathauspark?"

„Ja, irgendwie dunkel. Ich erinnere mich, dass wir dich irgendwann einmal zwischen den Statuen von Lanner und Strauß herumhängen gesehen und von dort aufgelesen hatten … du hattest lallend heftigst protestiert und gemeint, du wärst gerade in ein intensives Gespräch mit den beiden steinernen Musikern vertieft."

„Das war wohl nicht einer meiner besten Momente."

Daniel errötete verlegen und lockerte seine Krawatte …

„Finde ich überhaupt nicht … das war steil … so etwas konnte nur dir einfallen …"

„Ja, und das Ende der Veranstaltung – bei mir zu Hause – das war wohl wirklich der Gipfel …"

„Wir wollten doch den Sonnenaufgang von deiner Wohnung, vom 10. Stock aus beobachten."

„Ja, Sylvia, das wollten wir … Ich kann mich aber letztendlich nur daran erinnern, dass wir mit allen Mitteln versuchen mussten, den schwerst alkoholisierten Robert daran zu hindern, Turnübungen auf der Außenseite des Balkons durchzuführen. Glaubst du, da waren andere, schlimmere Hintergründe dabei? Vielleicht irgendwelche Dinge, die mit eurer Beziehung zu tun hatten?"

„Glaub ich nicht. Er war einfach nur völlig blau."

„Lassen wir das bitte jetzt, Sylvia. Irgendwie verdirbt das die Stimmung … was ist das für ein tolles Lied? Hab ich noch nie gehört."

„Ich auch nicht … ist auch für mich neu …"

Sylvia ließ Daniel kurz los und langte nach dem Plattencover.

„Lady Oh"

„Toller Song … tolles Saxofonsolo …"

Für den begabten Saxofonisten eine besondere Inspiration.

Sylvia schwankte ein wenig. Der viele Wein war ihr zu Kopf gestiegen. Sie schmiegte sich ein wenig fester an ihren Tanzpartner. Sie liebte die Musik von Neil Diamond über alle Maßen.

Daniel küsste zärtlich ihr nach Pfirsichshampoo duftendes Haar.

Sie tanzten an den Rand des Bettes und ließen sich darauf fallen.

Der Jännermorgen graute und Sylvia erwachte.

Ein kurzer Blick streifte den neben ihr auf dem Bett schlafenden Daniel.

Was war passiert?

Sylvia schüttelte benommen den Kopf, erhob sich und blickte kurz aus dem Fenster. Es schneite immer noch heftig. Sie fröstelte.

Auf leisen Sohlen lief sie ins Bad, um sich ihren Morgenmantel zu holen.

Während sie den Gürtel schloss, betrachtete sie ihr Antlitz im Spiegel.

„Gütiger Gott, ich sehe ja schrecklich aus!"

Sylvia wusch sich das Gesicht, wandte sich angeekelt ab, ging in die Küche und stellte Kaffee auf.

Sie fühlte sich unfair und nicht glücklich.

Dabei hatte ihr Daniel in der letzten Nacht so unendlich viel Zärtlichkeit gegeben …

Viel mehr, als sie eigentlich verdient hatte.

Aus lauter Furcht vor einer ungewollten Schwangerschaft, vor der unklaren und undefinierten Beziehung und vor sich selbst hatte sie in den entscheidenden Momenten immer ihre vorgetäuschte Monatsblutung vorgeschoben.

Daniel hatte das selbstverständlich eingesehen und es war bei zärtlichen Berührungen und Küssen geblieben.

Sylvia fühlte, dass sie wieder einmal nur genommen und kaum etwas gegeben hatte. Sie meinte, eine anständige, eine ehrliche junge Frau zu sein; sie wollte nicht mit Gefühlen anderer spielen …

Aber sie tat genau das, und genau das peinigte sie im Moment.

Wie würde jetzt am Morgen Daniel wohl reagieren. Verlieren wollte sie den jungen Mann nämlich keineswegs.

Herrlicher Kaffeeduft breitete sich in der kleinen Garçonnière aus, als Daniel erwachte.

Ungläubig richtete er sich auf und betrachtete seine Umgebung. Hatte er tatsächlich die letzte Nacht mit seinem Traummädchen verbracht?

„Sylvia?"

„Guten Morgen, mein Lieber, der Kaffee ist fertig. Hast du gut geschlafen?"

„Ja, danke."

„Wir sollten uns beeilen – die Uni wartet."

„Mist …"

„Da, trink rasch deinen Kaffee … es ist schon halb neun!"

Sylvia reichte Daniel eine Tasse mit dampfendem Kaffee, setzte sich zu dem jungen Mann auf das Bett und strich ihm über das Haar.

„... war sehr schön gestern ...“

„Ja ... nur schade, dass ...“

„... ich weiß ...“

Daniel bemerkte Sylvias bekümmerten Gesichtsausdruck, konnte diesen aber nicht zuordnen und auch nicht werten. Der junge Mann beließ es dabei. Er hatte nicht die Kraft zum Hinterfragen. Er fühlte sich verkatert, ausgepowert, kaputt und hundemüde.

„Eine Zigarette noch, dann zische ich los.“

Mit der brennenden Zigarette im Mund erhob sich Daniel vom Bett und schlüpfte rasch in seine Kleidung. Die Krawatte verstaute er in der Innentasche seines Sakkos. Was ihn wohl zu Hause erwarten würde?

Immerhin hatte er seinen Eltern nichts von seinem nächtlichen Fortbleiben mitgeteilt. Nicht dass diese die Tatsache selbst nicht toleriert hätten, sie wären nur gerne informiert gewesen, wo ihr Sohn zu nächtigen pflegte, solange jener unter ihrem Dach wohnte.

Ein kurzer Anruf hätte ja schon gereicht.

Immerhin war er ja erwachsen ...

„Also, ich marschiere dann ...“

Daniel warf einen kurzen Blick ins Wohnzimmer zurück, bemerkte eine andere ihm unbekannte LP von Neil Diamond auf der Anrichte und wies mit dem Zeigefinger darauf.

„Borgst du sie mir?“

„Ja klar ... also tschüss, Daniel ...“

Sylvia holte das Vinyl, reichte es dem Jungen, küsste ihn flüchtig auf die Wange und öffnete die Wohnungstüre.

Daniel war verwirrt. Er hatte sich schon einen netteren Abschied verdient ...

Im Widerspalt seiner Gefühlsregungen trat er auf die tief verschneite Straße.

„Lady Oh ...“

Der Song ging ihm nicht aus dem Kopf.

Der Bursch stapfte ziellos durch die weiße Stadt, vorbei an den Vorstadtvillen, den Zinskasernen der Stadtteile um den

Gürtel, vorbei an den Gründerzeithäusern der inneren Stadtbezirke. Der Verkehrsinfarkt überall rund um ihn herum ließ in kalt; er bemerkte ihn nicht einmal.

Daniel wusste nicht, wie lange er unterwegs gewesen war.

Er fühlte nur tief in seinem Innersten, dass er einen kardinalen Fehler gemacht hatte, und er verstand im Augenblick viele Argumente seiner Mutter, die Sylvia absolut nicht ausstehen konnte.

Immer wieder hatte sie ihm ins Gewissen geredet, er möge doch die Finger von ihr lassen. Sie täte ihm einfach nicht gut und es gäbe doch eine Vielzahl anderer netter Mädchen in Wien ...

Daniel konnte allerdings seine Gefühle nicht verhindern oder verdrängen. Sie waren einfach da, machtvoll und intensiv ...

Es war gegen Mittag geworden, als Daniel seine Wohnstätte erreichte.

Mit einem mulmigen Gefühl im Bauch sperrte er die Wohnungstüre auf ...

„Ja sag einmal, wo warst du denn?"

„Entschuldige bitte ..."

„Das ist keine Erklärung!"

Höchst verärgert und besorgt stand Daniels Mutter im Flur und fixierte ihren Sohn.

„... kann mir schon vorstellen, wo du warst ..."

„Ach, und wo?"

„Muss ich das denn wirklich aussprechen? So wie du beisammen bist ..."

„Du irrst dich aber gewaltig. Nach dem Theater war ich bei Robert auf einer Party. Es ist sehr spät geworden ..."

„Ich glaube dir kein Wort. Die paar Hundert Meter von Robert nach Hause hättest du selbst um fünf Uhr früh und sturzbetrunken geschafft ... ruf bitte deinen Vater im Büro an, er hat sich auch gewaltig Sorgen gemacht."

„O. k., mach ich gleich, ich muss aber dann auf die Uni."

„Wird gut sein, Daniel."

Daniels Mutter gefiel der momentane Lebenswandel ihres Sohnes überhaupt nicht. Sie war überzeugt davon, dass Sylvia hinter Daniels seelischen Zuständen steckte und dieser ganze negative Einfluss letztendlich von ihr ausging.

Der Vater des Burschen allerdings war da anderer Ansicht.

Ganz im Gegensatz zu seiner Angetrauten verstand er Daniel voll und ganz. Das Mädchen sah ja wirklich entzückend aus.

Wie auch immer, sein Sohn würde schon damit klarkommen.

Nicht dass der Zweiundfünfzigjährige a priori als oberflächlich zu bezeichnen gewesen wäre, so war es aber letztlich so, dass er nach schrecklichen Erlebnissen im Zweiten Weltkrieg, nach langer sowjetischer Gefangenschaft und nach unangenehmen und belastenden politischen Querelen innerhalb der Familien nun dem Gipfel seiner beruflichen Karriere im Vertriebsgeschäft zustrebte, jede Menge gutes Geld heimbrachte und damit der Familie zu beachtlichem Wohlstand verholfen hatte.

Das war für ihn wichtig, hatte oberste Prämisse, zumal seine eher magere schulische Bildung einen derartigen beruflichen Werdegang nicht einmal ansatzweise vorprogrammiert hatte.

All das geschah vor dem Szenario und der Tatsache, dass seine Familie allen Besitztum, allen voran ein hübsches einstöckiges Biedermeierhaus in einer exzellenten Wohngegend Wiens, in den Nachkriegswirren aus Überlebensgründen zu einer ganz schlechten Zeit, überhastet und deshalb viel zu billig verkauft hatte und somit eine Basis für die nachfolgende Generation quasi nicht geblieben war.

Daniels Vater war allerdings gewandt, intelligent und einsatzfreudig, mit einem gewinnenden Wesen und hoher Lernfähigkeit „by Doing" ausgestattet, er hatte Krieg und sowjetische Gefangenschaft überlebt und er war vielleicht gerade aus diesen Gründen als unverbesserlicher Optimist ein wahrer Meister der Chancenauswertung, Chancen, die sich in den ersten Jahrzehnten der Zweiten Republik immer wieder in großer Zahl ergeben hatten. Mit der Zeit hatten die Leute wieder Geld. Man wollte sich modernisieren, mit der Zeit gehen. Man wollte etwas darstellen, vor der Familie, vor den Freunden. Überall hatte die Hochkonjunktur der 60er und 70er ihre Spuren hinterlassen; man musste ihnen nur folgen und man benötigte Menschen, die Mut zu etwas Risiko hatten, Menschen, die ihre Ärmel aufkrempeln konnten und aus dem „Nachkriegsnichts" des schwer gezeichneten österreichischen Ostens, allen voran der Bundeshauptstadt, wieder etwas aufbauen wollten.

Daniels Vater war ein Prototyp dafür; er glaubte an sein Glück und hatte es letztlich auch …

Ganz gegensätzlich verhielt sich dies bei Daniels Mutter. Sie hatte eine grundsolide höhere Ausbildung, musste sich jedoch alles hart erarbeiten, glaubte nicht an Glück, hatte es dann auch nicht. Sie war Pessimistin; ihr war das beständige Glück des Ehemannes nicht geheuer, es nervte sie zutiefst. Sie hatte wenig Selbstbewusstsein, war ängstlich und nervös, sprachlich hochbegabt; Dolmetscherin zu sein, wäre ihr Traumberuf gewesen. Späterhin, in höherem Alter, hatte immerwährende diffuse Angst ihr ganzes Leben beherrscht.

Es war Abend geworden.

Daniel saß in seinem Zimmer und brütete lustlos über endlosen Gesetzestexten.

Am Nachmittag wollte er pflichtgemäß eine wichtige Hauptvorlesung und andere ebenso wichtige Lehrveranstaltungen besuchen. Er war aber erwartungsgemäß nicht ganz bis zum Universitätsgebäude vorgedrungen. Zu verlockend hatte das Schild einer bekannten Weinstube geprangt, die im unmittelbaren Dunstkreis der Universität gelegen war; zu verlockend war ihm die Aussicht erschienen, nette Kollegen und Freunde zu treffen, die ähnlicher Gesinnung waren wie er selbst. Natürlich hatte ihn wieder einmal das schlechte Gewissen geplagt, doch die netten und aufbauenden Gespräche, der hervorragende Rotwein und die gute Stimmung, die in dem Lokal ganz allgemein geherrscht hatte, all das war durchaus dazu angetan gewesen, die anstehenden Probleme ganz schnell wegzuwischen und die Uni einfach Uni sein zu lassen.

Er würde alles Versäumte sicherlich aufholen können …

Daniel seufzte tief …

Was für ein uninteressanter Dreck, der da vor ihm auf dem Schreibtisch lag …

Keine zehn Minuten waren vergangen und Daniel war über seinen Büchern eingenickt.

Das kräftige Schrillen des Telefons ließ ihn kurz darauf aufschrecken.

Benommen stürzte er in den Flur, wo das Fernsprechgerät an der Wand befestigt war.

„Ich geh schon …"

„Ist schon recht, Daniel."

Der Vater des Burschen steckte kurz den Kopf bei der Wohnzimmertüre hinaus, nickte seinem Sohn zu und zog sich wieder vor das Fernsehgerät zurück.

„Ja, bitte …"

„Hier spricht Sylvia …"

Die Stimme des Mädchens klang rau und bedrückt.

„Ja hallo, wie geht's dir?"

„Schlecht …"

„Warum?"

Daniel erschrak.

„Wir haben gestern Nacht einen Fehler gemacht. Das hätte niemals passieren dürfen, Daniel. Ich hätte das nicht zulassen und schon gar nicht fördern dürfen, dass du bei mir übernachtest; das war nicht richtig …"

„Wie bitte?"

Der junge Mann glaubte seinen Ohren nicht zu trauen.

„Wir sollten uns vielleicht eine gewisse Zeit lang nicht sehen …"

„Bist du auf Drogen, Sylvia, oder was?"

„Nein, ich meine es ernst … ich melde mich wieder bei dir …"

Die Verbindung brach ab.

Daniel legte kurz den Hörer auf die Gabel, hob ihn einige Sekunden später wieder ab und wählte mit zitternder Hand die Nummer des Mädchens.

Zehn-, fünfzehnmal piepte das Freizeichen …

Niemand hob ab.

„Ein Kaffee geht aber schon noch, Robert?"

„Klar, dafür muss immer Zeit sein ..."

Daniel deutete kurz dem Oberkellner. Dieser lächelte verschmitzt und erschien unverzüglich mit der Bestellung.

„Weißt du was, Robert, lassen wir für heute das Thema Sylvia."

„Wie du willst, übrigens, heute Abend macht die Monika eine Party. Magst du kommen? Es werden interessante Leute dort sein und Monikas Mitbewohnerin möchte dich so wahnsinnig gerne kennenlernen."

„Ach ja? Klar komme ich gerne ..."

Daniels Gesicht verzog sich zu einem breiten Grinsen. Die Feste, die Roberts neue Freundin zu veranstalten pflegte, waren immer von herausragender Qualität.

„Komm aber bitte alleine ..."

„Sicherlich, wen sollte ich denn mitnehmen?"

„Na, bei dir kann man das nie wissen, Daniel."

Robert grinste und klopfte seinem Freund auf die Schulter.

„... stell dir bloß vor, Sylvia hätte sich wieder normalisiert, meldet sich heute Nachmittag bei dir und möchte etwas mit dir unternehmen. Was tust du dann?"

„Dann sage ich ihr einfach, dass ich keine Zeit habe."

„Und das soll ich dir glauben?"

Robert blickte Daniel zweifelnd in die Augen.

„Klar ..."

„Also mir kannst du das nicht weismachen, mein Freund. Normalerweise braucht das Mädel nur mit dem Finger schnippen und du bist schon hin und weg.

Ein Tipp von mir: Bring sie bitte nicht mit. Du weißt, wie schlecht sie im Moment in unserem ganzen Kreis angeschrieben ist – das würde nur böses Blut machen."

„Robert, ich verstehe dein ganzes Gefasel nicht. Erstens, warum sollte sie anrufen, und zweitens habe auch ich mich diesbezüglich ganz gewaltig geändert."

„Ach ja? Wirklich? Du solltest einmal dein Gesicht sehen, wenn von Sylvia die Rede ist, und du solltest dich gefälligst daran erinnern, wie die Feste, an denen du mit dem Mädchen zusammen teilgenommen hattest, immer ausgegangen sind ...

wie unerträglich sie dich in Gesellschaft immer behandelt hat. Monika akzeptiert das nicht mehr, sie kann es einfach nicht mehr mit ansehen, wie dir Sylvia ununterbrochen das Herz aus der Brust reißt."

„Robert, hör auf damit! Das hat sich alles wirklich geändert. Mach dir da kein Kopfzerbrechen – ich bringe sie ganz bestimmt nicht mit … Zahlen, Herr Hans! Robert, ich lade dich auf den Kaffee ein, O. K."

„Danke, Daniel …"

Der junge Mann bezahlte die Konsumationen und erhob sich.

„Gehst du auch, Robert?"

„Ja … Wenn du willst, begleite ich dich ein Stück."

„Gerne …"

Die beiden jungen Männer verließen ihr Stammcafé und marschierten gemeinsam durch das innere Burgtor.

Da stand ja auch noch immer die alte, etwas ramponierte Telefonzelle …

Robert und Daniel blickten einander an und fingen zur Überraschung vieler Passanten lauthals zu lachen an.

„Kannst du dich erinnern, Robert, an unsere spätabendlichen Anrufe bei unseren Schulprofessoren?"

„Und ob! In der Oberstufe hatten wir ja oft die Innenstadt unsicher gemacht. Auf dem Heimweg hatten wir dann einem Lehrer ein Taxi bestellt, einem anderen hatten wir erzählt, dass er am kommenden Tag wegen eines Schülerstreiks nicht in die Schule kommen müsste …"

Daniel schüttelte sich vor Lachen.

„Wir waren schon schön blöd, Robert …"

„Glaubst du eigentlich allen Ernstes, dass wir heutzutage so viel gescheiter sind?"

„Keine philosophischen Anwandlungen bitte … Tatsache ist jedenfalls, dass wir diese Aktion immer von diesem Telefon aus gestartet hatten."

„Ja, gerade dieser Apparat hatte eine magische Anziehungskraft auf uns …"

„Weißt du was, Robert … Ich glaube, von selbst hätten wir nie so einen Stumpfsinn gemacht … unsere diversen Mädels hatten uns dazu angestiftet. Wie wären wir da bloß dagestanden, wenn wir gekniffen hätten?"

„Ja, die Mädels – es ist immer das gleiche Lied!"

Robert stieß Daniel freundschaftlich in die Rippen.

„Ist doch so, oder?"

„Ja, leider …"

„Wir sollten uns jetzt aber beeilen, Robert …"

Daniel beschleunigte seine Schritte, als sie den Heldenplatz erreichten.

„Ja, mir läuft auch bereits die Zeit davon … war aber riesig nett, dich zu treffen …"

Am äußeren Burgtor angelangt, verabschiedeten sich die beiden Freunde.

„Also, Daniel, wir sehen uns dann abends … und vergiss nicht, komm ja allein!"

„Alles klar, Robert! Also servus!"

Daniel lächelte in sich hinein.

Seit er sein Outfit und seine Lebensweise so gravierend verändert hatte, hagelte es von allen Seiten her Tag für Tag Einladungen zu Partys und anderen Festchen. Dabei lebte er völlig antialkoholisch und auf strenger Diät und war deshalb auch nicht wirklich sonderlich auf wilde Feten erpicht. Am liebsten saß er abends zu Hause vor dem Fernseher und ging zumeist recht zeitig zu Bett.

Daniel schüttelte ein wenig traurig den Kopf und seufzte.

Eigentlich erschütternd, dass das Aussehen eines Menschen für andere, sogar für sogenannte langjährige Freunde offenbar wichtiger war als dessen Wesen. Denn dieses hatte sich ja nicht entscheidend geändert.

Oder vielleicht doch?

Zögernd war der Winter vergangen …

Die tief stehende, matte Sonne schickte ihre ersten kaum noch wirklich wärmenden Strahlen durch die Hochnebeldecke, die über der Stadt lag.

Daniel saß in seinem Zimmer und hörte Neil-Diamond-Kassetten. Alles, was er an Platten dieses begnadeten Musikers irgendwo hatte auftreiben können, hatte er sich unverzüglich aufgenommen.

„Lady Oh."

Der Song brach ihm regelmäßig das Herz.

Seit dem Theaterbesuch und der so denkwürdigen Nacht hatte sich Sylvia nicht mehr bei ihm gemeldet.

Er blickte aus seinem Fenster auf die Anhöhen des Wienerwaldes, langte sodann nach einem Blatt Papier, zückte einen Kugelschreiber und begann zu schreiben …

Die Tage steigen …
Sanft ertönt der Sonne Lied.
Langsam die Kälte niederkniet,
gebrochen durch die Last des Alters.
Ein frommer Wunsch des Pelzverwalters.
Das Frühjahr naht mit Riesenschritten –
das bleibt sicher unbestritten.
Und geliebte Lippen schweigen.
Noch schweigt des Föhnes lauter Schrei,
noch bricht das Eis nicht ganz entzwei.
Das Eis, des Lebens schwere Decke,
es wacht noch über Feld und Hain.
Sollt in den Rieden der Natur
einfach noch kalte Ruhe sein?
Alles Leben ist auf Kur
in einem fremden unbekannten Land.
Hingeführt von weiser Hand
gibt sie frische, neue Kraft,
auf dass man all das besser schafft,
was uns erwartet, was uns fordert,
was die nächste Zeit beordert.
Doch der Sonne strahlend Licht
erweckt, kehrt alles nun hervor.
Und in dem hellen Scheine bricht
sich nun das ganze Leben.
Tautropfen zieren neue Reben.

Der Erden Frucht sollt sich bewegen,
sollt sichern unsrer Ernte Segen.
Alle sind wir unterwegs,
beladen mit ganz neuen Zielen,
voll guter Hoffnung, gutem Willen.
Man redet sich's zumindest ein,
sonst dürften wir nicht Menschen sein.
Schwächer wird schon der Kalender,
alles wartet, ist gespannt.
Was wird wohl das Morgen bringen
und des Jahres zähes Ringen?
Das ist uns freilich unbekannt.
Die Zukunft ist das zu beneiden,
denn sie alleine wird entscheiden.

Daniel legte langsam den Stift zur Seite.

In einem Zug hatte er diese Verse geschrieben.

Er erhob sich von seinem Stuhl und blickte wiederum durch das Fenster.

Der Nebel hatte sich weiter gelichtet.

Der junge Mann schlüpfte in seine Jacke, eilte hinunter auf den Parkplatz vor seinem Wohnhaus, stieg in seinen Wagen und fuhr los. Es war ihm eigentlich völlig egal, wohin; nur weg, raus aus dem Grau des Alltags.

In nur wenigen Minuten hatte Daniel den Grüngürtel Wiens erreicht; und wieder einmal wurde ihm dadurch bewusst, warum er seine Heimatstadt so liebte.

Er parkte seinen Wagen irgendwo am Straßenrand, stieg aus, blickte noch kurz auf sein schon recht betagtes, aber dennoch schönes Auto zurück und lenkte sodann seine Schritte hin zu einem kleinen Waldweg, der von der Straße weg hinein ins Dickicht führte. Gut kannte Daniel diesen Pfad …

Oftmals, wenn er nachdenken wollte, verschlug es ihn ganz automatisch hierher zu den Höhen des Wienerwaldes. Unweit dieses kleinen Weges gab es eine versteckte, den meisten Menschen völlig unbekannte Stelle, von welcher die Aussicht auf die Stadt atemberaubend war. Nichts störte den Anblick der Wienerstadt, die sich in ganzer Größe, Schönheit und Erhabenheit vor den Augen des Betrachters ausbreitete; kein Autolärm, kein achtlos weggeworfener Mist; nur Ruhe und Natur ...

Niemand wusste mehr, wer dieses Plätzchen ausfindig gemacht hatte. Letztlich war es auch egal. Oftmals, wenn der ganze Freundeskreis hier im Wienerwald unterwegs war, hatte man sich, ausgestattet mit der einen oder anderen Weinflasche, hier eingefunden, gelacht, getrunken, das nächtliche Lichtermeer der Großstadt bewundert, philosophiert, geküsst, die unvergleichliche Stimmung in sich aufgesogen.

Daniel blickte zu Boden.

Waren das nicht schon gar die ersten saftig grünen Halme, die da hervorlugten? Sah man da nicht schon den ersten Ansatz von Gelbsternchen und blauen Veilchenblüten?

Daniel bückte sich und blickte prüfend hin.

Wahrhaftig – hatte er sich doch tatsächlich den ganzen Hoch- und Spätwinter in einem großen Eimer voll von Selbstmitleid gesuhlt und gar nicht bemerkt, dass sich der Frühling bereits langsam, aber sicher anschickte, ins Land zu ziehen.

Bis heute ...

Der Hörsaal war überfüllt und Sylvia stöhnte.

Wie konnte man sich bloß bei so einem Lärm auf die bevorstehende Seminararbeit konzentrieren?

Das Mädchen fuhr sich nervös durch die Haare.

„Ist hier noch Platz?"

Sylvia blickte einem pickelgesichtigen Jungen kurz unsicher in die Augen.

„Ja, klar, bitte ..."

Der Junge lief vor lauter Schüchternheit krebsrot an und wendete seinen Blick sofort wieder zu den vor ihm liegenden Prüfungsunterlagen ...

„Danke."

Sylvie setzte sich und kramte in ihrer Tasche nach den Schreibutensilien.

Sie war ehrgeizig, das wusste sie. Allen Prüfungen kam sie weitgehend zeitgerecht nach. Es waren zwar nicht immer nur ausgezeichnete Zensuren, die sie ergatterte, aber die Benotungen waren nahezu immer überdurchschnittlich.

Seit sie Daniel das letzte Mal gesehen und gesprochen hatte – und das war immerhin schon eine ganze Anzahl an Wochen her – waren ihre Leistungen allerdings nicht mehr so stabil. Auch wenn sie es nicht zugeben wollte, der junge Mann und seine bedingungslose Freundschaft, die Sicherheit und die Geborgenheit fehlten ihr mehr, als sie sich hätte vorstellen können.

Der Lebenswandel, den sie in der letzten Zeit geführt hatte, war leider auch nicht dazu angetan, durch Leistung zu glänzen …

Erst vorgestern zum Beispiel …

Sylvia schluckte und schüttelte den Kopf.

Sie hatte, ohne nachzudenken, Robert angerufen und ihn gefragt, ob er etwas mit ihr unternehmen wolle. Ihr Exfreund hatte zuerst einmal sehr überrascht getan, hatte dann aber doch einer gemeinsamen Aktion zugestimmt, zumal sich ja seine derzeitige Freundin auf Urlaub befand.

„Komm doch zu mir …", hatte sie gemeint …

„… und bring etwas zu trinken mit!"

„Mach ich … aber da fällt mir ein – Wolfgang und Sieglinde, du weißt schon, meine Studienfreunde von der Uni, die wollten eigentlich auch etwas mit mir unternehmen …"

„Dann bring sie halt mit!"

Die drei waren also tatsächlich erschienen, zu viert hatten sie anschließend ordentlich getrunken, gefeiert und es kam, wie es kommen musste … spätabends wurde letztendlich ein flotter Vierer daraus.

Sylvia schauderte bei dem Gedanken an dieses für sie völlig neuartige Erlebnis. So etwas war so gar nicht ihre Art. Und was von dem ganzen erotischen Abenteuer letztendlich geblieben war, war definitiv nichts anderes als ein ausgesprochen schaler, ein bitterer Nachgeschmack und ein grausam schlechtes Gewissen.

Eines meinte sie aber seit diesem Augenblick mit Bestimmtheit zu wissen: Es war für sie wahrlich nicht mehr sinnvoll, Robert und der Beziehung zu ihm nachzutrauern. Immerhin hatte dieser Mensch seine derzeitige Freundin mit ihr, der Exfreundin, schlimm hintergangen.

Nie und nimmer wäre Daniel so etwas eingefallen …

Langsam dämmerte der Abend.

Einigermaßen zufrieden musterte Daniel seine Winterstiefel mit dem verlässlichen Profil. Sie leisteten ihm bei dem morastigen Pfad wahrlich gute Dienste. War doch hier im Wienerwald der Schnee erst vor Kurzem ganz weggeschmolzen. Der junge Mann bahnte sich den Weg durch das Unterholz und das trockene Geäst knackte leise. Er bog die vielen Stämmchen der Jungbuchen beiseite, betrat den Aussichtsplatz und spähte hinab. Milchig, diesig, zum Teil noch im Nebel und grau lag die Metropole vor ihm, unter ihm, das Häusermeer der Stadt.

Ein Spiegelbild seiner Seele?

Möglicherweise hatte er sich zwar aus dem Selbstmitleid herausbefördert, doch schien sein Blick nicht klar zu sein, und die Hoffnung, die er in seinem kürzlich verfassten Gedicht zu Papier gebracht hatte, eine trügerische, ein frommer Selbstbetrug.

Der junge Mann setzte sich auf einen umgestürzten Buchenstamm, dem der vergangene so schneereiche und kalte Winter, der hier fast ständig wehende Wind und die vielfach feuchte Witterung des großen Waldgebietes schon ziemlich zugesetzt hatten.

„Verdammt …"

Daniel sprang auf und griff verstimmt an sein Hinterteil, wo das durchnässte Holz deutliche Spuren an seiner Hose hinterlassen und die kalte Nässe rasch den Stoff durchdrungen hatte.

„… ich bin doch ein Idiot …"

Rasch drehte sich der Junge um und verließ missmutig den Platz.

In ein paar Minuten müsste er ja wieder sein Auto erreicht haben.

Tatsächlich, dort stand es … aber …

Dem Jungen blieb der Mund offen stehen.

Auf der Motorhaube seines Gefährts saß Sylvia und wartete.

Sie hielt eine Zigarette zwischen ihren Fingern und ihr wundervolles dunkelblondes Haar wehte im kühlen Wind.

Daniel blieb abrupt stehen.

Offensichtlich hatte ihn das Mädchen noch nicht bemerkt.

Wie kam sie bloß hierher? Ja, klar, sie kannte diese Stelle und diesen Weg genauso gut wie er selbst; oftmals waren sie ja in den letzten Jahren auch als Gruppe hier gewesen …

Was sollte er jetzt bloß tun? Daniels Herz pochte laut und die wohlbekannte Übelkeit stieg in ihm auf. Seine durchnässte Hose war ihm unendlich peinlich.

Nachdenkpause …

Daniel verbarg sich hinter einem halb umgestürzten Baum und betrachtete eingehend das Mädchen, das sich da keine fünfzehn Meter von ihm entfernt langsam von der Motorhaube seines Fahrzeuges herabgleiten ließ.

Was hatte sie bloß vor?

Sylvia spähte nach allen Richtungen und trat sodann ein paar Schritte in Richtung des kleinen Pfades und begann sich langsam zu streicheln; strich sanft über ihr Haar, ihre wohlgeformten Brüste und Oberschenkel … ein leises Stöhnen entfuhr ihrem Mund.

Daniel stockte der Atem.

Im dichten Hochwald jenseits der Straße knackte trockenes Geäst und Sylvia erschrak.

Rasch und verärgert drehte sie sich auf der Stelle um, schritt zum Auto zurück und nahm wiederum auf der Motorhaube Platz.

Daniel zitterte vor innerer Erregung. In diesem Zustand konnte er dem Mädchen erst recht nicht gegenübertreten. Er hielt sich weiter verborgen.

Ungeduldig zündete sich Sylvia erneut eine Zigarette an und ließ ihre Beine nervös hin und her baumeln. Kurze Zeit danach warf sie den halb abgebrannten Glimmstängel auf den Waldboden, ließ sich abermals von der Motorhaube hinabgleiten, wendete sich der Straße zu und überquerte diese.

Atemlos beobachtete Daniel jede Bewegung des Mädchens.

Sie schritt zügig ein wenig bergan und steuerte sodann einen Parkplatz auf der anderen Straßenseite an. Daniel verlor sie aus den Augen.

Er vernahm das lautstarke Schließen einer Autotür, das Starten eines Fahrzeuges und das unpräzise Einlegen eines Ganges.

Ein Motor heulte auf … rasch wurde das Geräusch des davonfahrenden Wagens leiser.

Es wurde ganz still.

Mit klopfendem Herzen trat Daniel aus seinem Versteck hervor. Und wieder knackte es im Unterholz.

Vorsichtig lugte der junge Mann in die vermeintliche Richtung des Geräusches und bemerkte zu seinem Erstaunen ein Reh, das seelenruhig die Straße überquerte und sodann wiederum im Dickicht verschwand.

Er rieb sich die Augen – war er hier gar eingeschlafen und hatte bloß einen seltsamen Traum gehabt?

Bedächtig schritt Daniel die wenigen Meter hin zu seinem Fahrzeug. Da lag doch tatsächlich die halb gerauchte Zigarette.

Ein feiner Rauchfaden stieg in die Höhe.

Was war das alles bloß gewesen, was hatte Sylvia bei seinem Wagen gesucht und, viel wichtiger, was hatte sie dazu bewogen, sich gerade in diesem Umfeld erotischen Fantasien hinzugeben?

Wie in Trance stieg Daniel in den Wagen und fuhr los. Kurz waren noch die Tage und es wurde rasch dunkel. Einige Zeit später hielt der Junge bei der nächstbesten Buschenschenke. Er betrat das um diese Tageszeit noch schwach besuchte Lokal und setzte sich an einen der vielen freien Tische.

„Guten Abend, der Herr, was wird gewünscht?"

„Äh, ein Viertel Nussberger Riesling, bitte …"

Daniel war völlig verwirrt. Die Bilder des soeben Erlebten ließen ihn nicht los; machtvoll brannten sie sich ein in sein Gehirn.

Hastig ergriff der junge Mann das soeben servierte Glas und tat einen tiefen Zug daraus.

Rasch beruhigte er sich …

Er zündete sich eine Zigarette an, lehnte sich zurück und schloss für ein paar wenige Augenblicke seine Augen.

Was sollte er nun bloß tun?

Dass Sylvia auf ihn gewartet hatte, war offensichtlich. Seinen Wagen kannte sie ja gut genug und das Wegelchen auch …

Daniel leerte sein Glas.

„Darf ich noch etwas bringen?"

Die Kellnerin hatte mit einem Lächeln auf den Lippen den angeschlagenen und offensichtlich ziemlich durstigen Zustand des Gastes zur Kenntnis genommen.

„Ja bitte … dasselbe noch einmal."

Der Junge erhob sich und blickte suchend durch das Lokal.

„Die Toilette ist dort hinten."

„Nein …"

Daniel unterbrach.

„… ich suche das Telefon."

„Gleich rechts."

Schmunzelnd betrachtete die Serviererin Daniels eigentümliches, schwer einzuschätzendes Verhalten.

„Danke."

Daniel nahm das volle Weinglas in die rechte Hand und verschwand in der Fernsprechzelle.

Er zögerte noch kurz, tat einen kräftigen Zug aus seinem Weinglas, nahm sich ein Herz und wählte Sylvias Nummer.

Lange piepte das Freizeichen.

„Hallo, ja bitte …"

Sylvias Stimme klang atemlos.

„Servus, ich bin es, der Daniel …"

Stille.

„Ah ja … du lebst auch noch?"

Heiser tönte es aus dem Hörer.

„Ja."

„Na, das freut mich für dich … was gibt's denn?"

„Ach, nichts Besonderes … ich wollte mich nur wieder einmal bei dir melden …"

Stille.

„Nett von dir … ist auch Zeit geworden … du hast noch immer eine Neil-Diamond-LP von mir."

„Stimmt, entschuldige – brauchst du sie dringend?"

„Nein … ja … du weißt ja, wie ich auf den Typen stehe …"

„Wann soll ich sie dir vorbeibringen?"

„Geht es morgen so gegen 6 Uhr bei dir?"

„Klar! Mach ich doch gerne."

„Also dann bis morgen, tschüss."

„Ja …"

Langsam legte Daniel den Hörer auf die Gabel.

Ob er da nicht einen entscheidenden Fehler gemacht hatte.

Hochrot im Gesicht verließ er die Telefonzelle, stellte das leere Weinglas auf die Theke und bezahlte seine Zeche.

„Fehlt Ihnen etwas?"

Verwundert und irgendwie besorgt nahm die Kellnerin Daniels Verfassung zur Kenntnis.

„Kann man Ihnen helfen?"

„Ach nein, mir ist nur schrecklich heiß."

„Ach so; na dann auf Wiedersehen …"

„Schönen Abend noch."

Eilig verließ Daniel das Lokal, atmete tief durch, stieg in seinen Wagen und fuhr nach Hause.

Es ging zwar letztendlich nicht um Sein oder Nichtsein, als Daniel am darauffolgenden Tag sein Gefährt in jene ganz bestimmte Straße lenkte und Sylvias Wohnhaus immer näher auf ihn zukam. Trotzdem kam der junge Mann nicht umhin, zugeben zu müssen, dass er nervös war wie noch selten zuvor. In der letzten Nacht hatte er schlecht geschlafen. Schlaflos hatte er sich in seinem Bett hin und her gewälzt – unschlüssig über die Richtigkeit seines Tuns.

Am Abend noch hatte ihm seine fürsorgliche Mutter mitgeteilt, wie glücklich sie doch über den Umstand wäre, dass das Mädchen nun doch schon ein Weilchen aus seinem Dunstkreis entschwunden war, und wie gut ihm das doch offensichtlich täte. Er, Daniel, hatte einfach nur schweigend mit dem Kopf genickt und sich nachdenklich ohne ein weiteres Wort auf sein Zimmer verzogen.

Die Bilder, die Eindrücke des vergangenen Tages hatten ihn nicht losgelassen. Sie waren ihm in wilde erotische Träume gefolgt, sodass er am frühen Morgen schweißgebadet erwacht war.

Daniel stellte sein Fahrzeug in einer Parklücke ab. Seltsam, es war haarscharf die gleiche, in welcher das Auto abgestellt war, als er im letzten Herbst Robert bei dessen Auszug aus Sylvias Wohnung geholfen hatte. Ob das ein Zeichen war? Und wenn, welches mochte es wohl sein?

Daniel rieb sich unschlüssig die Nase, zog den Zündschlüssel ab, nahm behutsam die geliehene Neil-Diamond-Platte zur Hand und stieg aus seinem Wagen.

Er befühlte den Inhalt seiner Manteltaschen.

Geld, Zigaretten, Feuerzeug, Wohnungsschlüssel ... alles war vorhanden.

Der Junge lenkte seine Schritte hin zu der kleinen Gartenanlage rund um die wohlbekannte Wohnhausanlage, wo schon die Forsythie erste gelbe Knospen zeigte, zumal im städtischen Gebiet die ersten Frühjahrsboten rascher erschienen als weiter oben im Bereich der Höhenstraße, wo das Klima rauer war als im Süden und Osten der Stadt, Bereiche, die bereits unter dem Einfluss des pannonischen Klimas standen. Normalerweise war dieser Anblick für Daniel ein äußerst erfreulicher, ein aufbauender. Nicht so an diesem Tag. Die Unsicherheit quälte ihn und das unangenehme, jedoch wohlbekannte Gefühl der nahenden Übelkeit stieg wieder einmal mit aller Vehemenz in ihm auf.

Schon hatte Daniel den rechten Zeigefinger auf den metallenen Knopf der Gegensprechanlage gelegt.

Er zog ihn jedoch wieder zurück, drehte sich um neunzig Grad und marschierte zügig die wenigen Meter zu der nahe gelegenen Gaststätte, die er schon des Öfteren besucht hatte.

„Ein Krügel Bier bitte, sorgfältig gezapft ...“

Eher selten kam es vor, dass Daniel Bier trank, und wenn, dann hatte das Getränk gepflegt zu sein.

Er war einfach ein Mensch, der gute Umgangsformen mochte und auch selber pflegte, ein Mensch der Kultur und des freundlichen Umgangs. Streitigkeiten waren ihm grundsätzlich verhasst. Nicht einmal wenn er zu viel dem Wein zugesprochen hatte, war er bislang ausfällig oder bösartig geworden. Derlei Charaktermerkmale schienen nicht zu seinem Naturell zu gehören.

„Jawohl, der Herr ...“

Sorgfältig zapfte der Wirt den hellgelben Gerstensaft in ein entsprechendes Halbliterglas.

Der Junge sah auf seine Uhr, biss sich ein wenig auf die Unterlippe, zuckte mit den Achseln und leerte das vor ihm auf der Theke stehende Glas in einem Zug.

„Eine Nachfüllung bitte.“

„Gerne.“

Daniel zündete sich eine Zigarette an und leerte auch das zweite Glas.

Und die Übelkeit schwand.

Er leckte sich genießerisch den Bierschaum von der Oberlippe und bezahlte.

Mit einem netten Gruß verließ er das Lokal.

„Servus, Daniel, du hast aber etwas Verspätung."

„Entschuldige, du weißt ja, das Gasthaus gleich in der Nähe hat eine magische Anziehungskraft auf mich, da hast du übrigens die Scheibe, bevor ich vergesse und sie wieder mitnehme."

Mit einem gekünstelten Lächeln auf den Lippen stand Daniel Sylvia in deren Wohnungstüre gegenüber und küsste ihr die Hand.

„Oh, du hast aber heute einen besonders charmanten Tag."

Sylvia mochte schon immer die Höflichkeit und die guten Umgangsformen des jungen Mannes.

Daniel schluckte.

Das Mädchen sah einfach fantastisch aus, ganz dezent geschminkt, bekleidet mit jenen weißen Jeans, die so gut zu ihr passten und ihre Figur so vorteilhaft betonten. Der enge violette Pullover schmiegte sich um ihre zarte Taille und um die festen und wohlgeformten Brüste, die keines BHs als Stützung bedurften.

Abermals musste Daniel schlucken.

Der wohlbekannte unglaubliche Duft ihres Parfums stieg ihm mit aller Kraft und Stärke in die Nase.

„Also schön, ich geh jetzt … tschüss … rühr dich wieder …"

Daniel hielt die Situation nicht aus. Was hätte er ihr sagen sollen? Sylvia wirkte so verführerisch, dass es ihm den Atem verschlug. Alles, was immer er nun machen oder von sich geben würde, es wäre so oder so ein bizarrer Fehler.

„Ja spinnst du? Magst du nicht einmal reinkommen?"

Sylvia zog überrascht die Augenbrauen hoch und blickte Daniel verständnislos in die Augen.

„… was ist los mit dir? Ich habe soeben frischen Kaffee aufgestellt!"

„Ich weiß nicht, Sylvia – sollte ich nicht doch lieber gehen?"

„Ja aber warum denn? Ich dachte, du wärst ein Freund von mir und wir könnten miteinander reden?"

„Ein Freund, ja …"

„Sicher – was sollte ich denn sonst sagen?"

Sylvias Mund verzog sich zu jenem hintergründigen Lächeln, welches sie noch um eine Spur begehrenswerter zu machen pflegte.

„… außerdem …"

Sylvia wies auf das große auf ihrem Bett stehende Schachbrett.

„… die Figuren warten schon auf dich …"

„Na gut – eine Partie, Sylvia! Dann muss ich aber gleich abzischen."

Daniel trat in das kleine Vorzimmer und entledigte sich seines Mantels.

„Schach."

Sylvia spielte an sich sehr gut, das wusste Daniel.

„Wenn du meinst, Sylvia, ich täte das in deiner Situation nicht, aber bitte."

„Schachmatt, meine Teuerste."

„Scheiße, das habe ich jetzt wirklich übersehen."

Das Mädchen schloss ein paar wenige Sekunden die Augen und fuhr sich mit dem Ausdruck gespielter Verzweiflung durchs Haar.

„Aber, was soll's, man kann nicht immer gewinnen."

„Genau, du hast ohnehin noch beträchtlichen Vorsprung."

Daniels Stimmung hatte sich in den letzten Minuten gewaltig verbessert. Die Schachpartie hatte das Ihre dazu beigetragen, ihn von seinem eigentlichen Problem abzulenken.

„Sag einmal, was ist eigentlich in letzter Zeit mit dir los gewesen? Wochenlang hast du dich nicht gerührt. Weißt du, Daniel, du bedeutest mir einiges und ich schätze dich sehr. Ich denke, das solltest du wissen."

Sylvia hatte sich aufgesetzt, blickte den jungen Mann fest an und wartete offensichtlich auf eine Antwort.

„Ich sollte jetzt wirklich nach Hause gehen, Sylvia … und übrigens war es ja schließlich deine Entscheidung, dass wir uns eine gewisse Zeit nicht sehen sollten. Außerdem hast du mir damals am Telefon mitgeteilt, dass du dich bei mir melden würdest, was du jedoch nicht getan hast."

Daniel erhob sich ruckartig und schickte sich an, seinen Mantel anzuziehen.

„… habe ich nicht; du hast recht …"

Tonlos murmelte das Mädchen vor sich hin.

Sylvia öffnete die Wohnungstüre und begleitete Daniel auf den Gang hinaus.

„Vielleicht können wir doch in den nächsten Tagen etwas gemeinsam unternehmen, Daniel? Was meinst du?"

„Vielleicht, also dann bis bald …"

„Bekomme ich keinen Abschiedskuss?"

„Ich glaube nicht, dass das gut ist. Wir sind ja nur Freunde … also dann …"

Daniel hob grüßend seine Hand und stieg flott die Treppen hinunter.

Das Mädchen sah ihm ein paar Augenblicke nach, ging in ihre Wohnung zurück und schloss nachdenklich die Türe hinter sich.

Etwas war offenbar gänzlich falsch gelaufen. Hatte sie sich zu sicher gefühlt? War es für sie einfach selbstverständlich gewesen, von Daniel immer wieder vergöttert zu werden, oder hatte er von Robert gar von ihrem kürzlich begangenen gemeinsamen Fehltritt erfahren? Sie setzte sich auf ihr Bett und blickte betrübt ins Leere. Kam ihr das nur so vor oder hätte sie heute erstmals wirklich irgendwie Lust auf ihn gehabt?

Im Zwiespalt der Gefühle schlich Daniel zu seinem Auto. Einerseits fühlte er sich stark und aufgebaut, weil er seinen Begierden Einhalt geboten hatte, andererseits aber trauerte er den vielleicht vergebenen Möglichkeiten nach.

Außerdem störte ihn, dass er nicht den Mut gehabt hatte, das Mädchen zu fragen, was sie denn tags zuvor im Wienerwald auf der Motorhaube seines Wagens zu suchen gehabt hatte.

„Was soll's – mal sehen, wie es weitergeht."

Wie schon öfters murmelte Daniel diese Worte in sich hinein und fuhr in sich gekehrt nach Hause.

„He, Daniel – du kommst ja wirklich alleine …"

Hocherfreut begrüßte Robert den Freund an Monikas Wohnungstür.

„Du kennt doch Sabine, oder?"

Hinter dem Technikstudenten war ein groß gewachsenes dunkelhaariges Mädchen erschienen.

„Hallo, Robert, nein, ich glaube, wir kennen uns noch nicht. Hallo, Sabine, freut mich sehr."

„Na komm schon rein, alter Junge!"

Robert warf Sabine einen eigenartigen, einen fragenden Blick zu, was Daniel etwas verwunderte. Er maß der Angelegenheit aber nicht wirklich besondere Bedeutung bei. Sein Freund mochte schon wissen, was er da tat. Er würde schon seine Gründe haben.

„Grüß euch, allerseits."

Daniel trat ein und sah sich um. Von überallher kamen Freunde und Bekannte herbei und begrüßten ihn.

„Hi, schön, dass du endlich einmal da bist. Was gibt es Neues? Wie geht es dir? Alles paletti?"

Die Anwesenden schüttelten ihm die Hand und umarmten ihn, nur Sabine hielt sich im Hintergrund.

Er fühlte jedoch unentwegt ihre eigenartigen und musternden Blicke auf sich gerichtet. Daniel mochte das überhaupt nicht. Er war das nicht gewohnt und es irritierte ihn gewaltig.

„Und – gefällt sie dir? Es wird nämlich Zeit, dass du endlich einmal ein nettes Mädel findest, das wirklich in Ordnung ist."

Monika hatte Daniel, zu dem sie immer schon einen guten Draht hatte und den sie als Freund sehr schätzte, zum Tanzen aufgefordert und sah dem jungen Mann fragend in die Augen.

„Sie ist nämlich nicht wie deine – na wie heißt sie denn bloß – dringend hilfsbedürftig nach einer gescheiterten Beziehung, die sie offensichtlich auch nach bald zwei Jahren immer noch nicht so wirklich verkraftet hat."

„Ach Monika, ich weiß noch nicht … ich habe sie ja noch nicht einmal richtig kennengelernt."

„Na dann wird es aber höchste Zeit. Sabine, tauschen wir doch einmal."

„Gerne …"

Monika trat zur Seite und nahm Robert bei der Hand. Langsam ging Sabine zu Daniel, hob schüchtern den Kopf und blickte Daniel kurz ins Gesicht.

„Tun wir es halt unserer kleinen Kupplerin zuliebe."

„Gut."

Daniel lächelte.

Sabine tanzte fantastisch, was Daniel sehr imponierte. Er und die anderen Burschen seiner Klasse waren alle irgendwann in der Oberstufe in einer mehr oder weniger renommierten Tanzschule gewesen.

Die Mädchen, die er kannte, waren das interessanterweise wesentlich seltener.

Lange tanzten die beiden miteinander.

Sabine war keineswegs unattraktiv, groß gewachsen und gut gebaut.

Doch Daniel fühlte beim Tanzen keine Funken, die da übersprangen, er verspürte keine Ausstrahlung, die ihn erreichte, und auch keine Schmetterlinge im Bauch. Nicht einmal die ganz langsamen Songs vermochten daran etwas zu ändern.

Trotz ihrer hervorragenden Technik beim Tanzen wirkte das Mädchen seltsam hölzern und auch wenig temperamentvoll.

„He, Leute, wollen wir nicht endlich wieder einmal die ganze ‚Abbey Road' singen?"

Es war kurz nach Mitternacht, als Robert nach seiner Gitarre griff und erwartungsvoll in die Runde blickte.

„Gute Idee!"

Daniel nickte zustimmend. Manch andere Festgäste johlten und klatschten vor Begeisterung.

Die Luft war rauch- und alkoholgeschwängert und zum Schneiden dick.

Daniel trat zum Fenster und öffnete es.

„Ich hoffe, es stört euch nicht."

Er drehte sich kurz um.

Niemand hatte seine Aktion bemerkt.

Grölend wurde das großartige Beatles Album intoniert, grausam verunstaltet, schrecklich.

Früher, in der Schule, hatten sie alle gemeinsam in den großen Pausen oftmals diese unvergleichlichen Lieder gesungen. Damals hatte das allerdings weit besser geklungen.

„Du, Robert, ich marschiere, grüß mir die Monika."

Daniel klopfte seinem Freund auf die Schulter. Die Entwicklung dieser Party gefiel ihm nicht. Er hatte einfach genug und ein dummes Gefühl in der Magengrube.

Er winkte kurz Sabine zu und bedeutete ihr mit dem rechten Zeigefinger das Wählen einer Telefonscheibe.

„Warte, ich begleite dich zur Türe ... entschuldigt mich kurz!"

Robert legte die Gitarre zur Seite, stand schwankend auf, geleitete Daniel mühsam zur Türe und lallte: „... übrigens, wusstest du, dass ich im vorjährigen März noch einmal zwischendurch mit der Sylvia gebumst habe ... war ein spezieller flotter Vierer ... toll, sag ich dir ... also tschau ..."

„Was hast du?"

Daniel wurde blass im Gesicht.

„... da hattest du ja schon eine andere Freundin ..."

„Klar, aber die war auf Skiurlaub, alter Junge."

Robert grinste hämisch.

„... war einfach nur ein Notstand von mir ..."

„Notstand, Robert! Du hattest einfach nur Notstand?"

„Ja, und Sylvia offensichtlich auch ... du dürftest sie ja nicht wirklich sonderlich zufriedengestellt haben ..."

Daniel blickte Robert fest an und schob den Betrunkenen von sich.

Ohne ein weiteres Wort zu verlieren, drehte er sich angeekelt um und entfernte sich rasch.

Zutiefst verärgert griff er in seine Sakkotasche und wollte die Autoschlüssel hervorholen. Dabei fiel ein kleines Papierfetzchen zur Erde. Daniel hob es sorgsam auf und erkannte im matten Schein einer Straßenlaterne eine hingekritzelte Telefonnummer, versehen mit dem Buchstaben S.

Daniel öffnete die Türe seines Fahrzeuges und drehte das kleine Papierfetzchen hin und her. Allerdings brachte auch die kräftige Innenbeleuchtung des Autos nichts anderes als die Telefonnummer mit dem eigenartigen S zutage.

Der junge Mann runzelte die Stirn. Erstens fiel ihm außer Sylvia in der Sekunde niemand ein, deren oder dessen Namen mit S begann, und zweitens ärgerte er sich maßlos über Roberts unmögliches Verhalten. Mein Gott, was wäre ihm alles erspart geblieben, wenn er von dessen Fehltritt früher gewusst hätte.

Daniel startete den Wagen, stieg kräftig aufs Gas und fuhr nach Hause.

„Junge, wo warst du?"

Daniels Mutter war argwöhnisch.

Dieses Parfum kannte sie zu Genüge.

„Im Café …"

„Ach so – ja … und woher kommt dann dein Geruch? Das riecht wirklich nicht nach Kaffeehaus."

„Lass mich doch bitte in Ruhe!"

„Junge! Du weißt, dass ich nur dein Bestes will. Lass doch die Hände von ihr!"

„Ich war nicht bei Sylvia, wenn du das meinst."

Daniel log, dass sich die Balken bogen.

„Für wie dumm hältst du mich eigentlich, Daniel?"

„Du irrst dich."

Irritiert wandte sich Daniel ab, ging in sein Zimmer und knallte die Türe hinter sich zu.

Noch nie zuvor in seinem Leben hatte er sich so selbstbewusst und gleichzeitig so hundeelend gefühlt.

„Lady Oh …"

In seinen Ohren klang der Song. Er wurde lauter und leiser, vibrierte und verschwand wieder. Der Duft von Sylvias Parfum, das noch immer in Spuren an seiner Kleidung haftete, stieg ihm in die Nase. Daniel warf sich auf sein Bett und blickte zur Zimmerdecke. Dann schlief er ein.

Es war gegen 22 Uhr, als er erwachte. Ungläubig schüttelte er den Kopf und er brauchte lange, bis er sich zurechtfand. Daniel knipste das Licht an und blickte auf seinen Wecker.

Er stand auf, zog seine Schuhe an, fuhr sich flüchtig durch sein Haar und betrat das Vorzimmer. Aus dem Fernsehraum der Eltern drangen leise Geräusche.

Daniel verspürte ein peinigendes Hungergefühl. Er öffnete leise die Türe zum Fernsehzimmer.

„Ich geh noch eine Stunde weg."

„Ist recht, komm aber nicht zu spät!"

„Ist gut, Papa."

Daniels Vater saß im Lehnstuhl und fixierte die Mattscheibe des Fernsehgerätes.

„Ist Mutter schon im Bett?"

„Ja, sie liest noch …"

„O. K., bis bald."

Daniel schnappte seine Jacke und verließ die elterliche Wohnung.

Magisch zog es ihn zur Pizzeria.

Es war allerdings reichlich spät geworden und die Freunde, die Bekannten, die normalerweise das Lokal in großer Zahl bevölkerten, waren schon dahin oder auch ausgeblieben. Daniel setzte sich an einen kleinen Tisch, bestellte Chianti und eine extragroße Pizza. Er dachte kurz nach, dann langte er nach einem Stift und zog aus seiner Jackentasche ein zerknülltes Blatt Papier hervor.

Ja, das wäre für den heutigen Tag das Richtige.

Wieso ist die Erde rund,
fragt man sich so manche Stund.
Ist doch, und man lächelt dreckig,
das Leben hint' und vorne eckig.

Nach der Trauung sprach der Mann
zu dem Weibe, das er nahm:
„Die Lieb zu dir wird niemals kalt!
Bleib du nur jung, werd niemals alt!"

Wir zweifeln oft an unseren Werten,
zu denen einst wir uns bekehrten.
Mit Recht, denn heut wird man bekehrt:
Was überhaupt ist noch was wert?"

Vor San Marco sitzen Tauben
in dichten dunkelgrauen Trauben.
Doch ist viel Lärm an diesem Ort
und nicht mal dadurch fliegen sie fort!
Denn wo doch so viel Futter ist,
es wär doch blöd, wenn man nicht frisst!

Es träumt der Mensch vom großen Glück,
will gar nicht in die Welt zurück,
wenn morgendlich der Wecker schrillt.
Seufzt auf und er ist nicht gewillt,
der Träume Schlösser aufzugeben.
Fin – es ruft das Alltagsleben.
Das große Glück ist von ihm weit
und trotzdem liebt er alle Leut,
die ihn so zu umgeben pflegen,
der diversen Gründe wegen.
Doch hat das Leben ihn gezimmert,
der Illusionen viel zertrümmert.
Oft sah er fliegen wie die Tauben
den seinen an die Menschheit Glauben.
Und trotzdem liebt er dieses Leben.
Und sei es nur der Träume wegen.

„Die Pizza, der Herr."
    „Danke."
    Daniel ließ den Stift sinken.

Sylvia starrte geistesabwesend auf die ziemlich uninteressanten Bilder der Abendnachrichten, die gerade im Programm des Österreichischen Rundfunks liefen.

In ihren Gedanken war sie bei Daniel. Ihr ging dessen seltsames Verhalten am heutigen späten Nachmittag nicht aus dem Kopf. Jetzt, mit einigen Stunden Abstand, stellte sich ihr nicht mehr die Frage, was da schiefgelaufen wäre. Nein, sie war in der Zwischenzeit absolut davon überzeugt, dass sie diese eigenwillige Beziehung von Anfang an hätte verhindern müssen, wenn auch gewisse Dinge sehr bequem und angenehm gewesen waren. In der Gesamtheit gesehen tat das weder ihr noch ihm letztlich gut. Die Wechselbäder des schlechten Gewissens setzten ihr einfach zu. Sie erhob sich von ihrem Sessel und ging zu dem Wandschrank, in welchem sie ihre Spirituosen zu verwahren pflegte. Sorgfältig öffnete sie diesen und entnahm der tiefen Öffnung eine Flasche schottischen Whiskys. Normalerweise trank sie kaum harte Getränke. Heute aber, heute meinte sie das wohl irgendwie nötig zu haben. Sie schenkte sich ein und leerte das Schnapsglas auf einen Zug. Sie schenkte nach …

Sylvia schaltete das Fernsehgerät ab, setzte sich an ihren Schreibtisch und zog einen Bogen Briefpapier hervor …

„Lieber Daniel …"

Sie setzte den Kugelschreiber ab und dachte kurz nach. Irgendwie musste sie diese Beziehung, Freundschaft, oder was auch immer das sein mochte, beenden. Und zwar endgültig.

Eigentlich war das erotische Erlebnis mit Robert und dem anderen Pärchen durchaus anregend und sehr nett gewesen. Vor allem das fremde Mädchen war verdammt hübsch …

Sylvia nahm erneut einen Schluck aus ihrem Gläschen.

Es hatte ihr gefallen, die feste Brust der Fremden zu streicheln und ihren Bauch zu liebkosen, die langen wohlgeformten Beine zu küssen und ihre duftenden schwarzen Haare mit den Fingern zu durchwühlen.

Sylvia strich sich irritiert die Haare aus dem Gesicht und versuchte ihre Gedanken zu ordnen. Je mehr sie darüber nachdachte, desto klarer wurde ihr die Vorstellung, dass es tatsächlich das Mädchen war, das sie bei Daniels Wagen so intensiv angeregt und inspiriert hatte.

Der Whisky tat seine Wirkung; Sylvia fühlte sich benebelt.

Trotzdem gönnte sie sich erneut einen kräftigen Schluck, nahm den Schreibstift wieder in die Hand und brachte rasch ein paar Zeilen zu Papier. Sie entschuldigte sich bei Daniel für ihr Verhalten und für die Tatsache, dass er sich wohl schon die längste Zeit mehr als ausgenützt vorkommen müsse. Weiters schrieb sie, er möge sie in Zukunft nicht mehr kontaktieren und es wäre besser, wenn sie einander zumindest einmal die nächsten Wochen oder Monate nicht mehr sehen würden.

„Also dann, mach's gut …

Sylvia"

Schlampig faltete sie das Papier, versenkte es in einem Kuvert, leckte die Gummierung ab und klebte den Brief zu.

Ebenso schlampig frankierte sie das Schreiben, zog ihre Schuhe an und verließ ein wenig schwankend die Wohnung.

Ohne noch einmal über mögliche Konsequenzen nachzudenken, warf sie den Brief in den nahe gelegenen Briefkasten, kehrte wieder in ihre Wohnung zurück, duschte ausgiebig und ging zu Bett. Dort nahm sie noch einen kräftigen Schluck Scotch. Dann drehte sie das Licht ab und das Radio an.

Leise lief Ö3.

Sylvia blickte zur finsteren Zimmerdecke, die sich bald ein wenig zu drehen begann. Trotzdem konnte sie einfach nicht einschlafen. Sie fühlte sich aufgedreht, durchgedreht und gleichzeitig hundemüde …

Sie alle zusammen waren schon eine sehr seltsame Generation. Genau genommen hatten sie eigentlich alles. Immer noch herrschte Hochkonjunktur und Vollbeschäftigung. Einzig und allein die Nachwirkungen der ersten großen Ölkrise waren noch massiv zu spüren. Treibstoff war teuer.

Sylvia konnte es egal ein. Der Wagen ihres Vaters, den sie zeitweise nutzen durfte, war fast immer voll getankt.

Achtundsechziger waren sie allesamt keine.

Und Blumenkinder logischerweise auch nicht.

Dazu waren sie allesamt um einige Jahre zu jung.

Sie waren offensichtlich irgendetwas dazwischen, nicht Fisch und nicht Fleisch.

Studentendemos gab es längst keine mehr.

Es würde auch kaum jemandem mehr einfallen, mit einer alten Karre Richtung Indien zu kurven. Alles Schnee von gestern.

Das Jahr 1968 war für sie alle nur mehr eine spätkindliche Erinnerung, die von der Elterngeneration auch gerne weggespielt worden war, mit der man also wenig bis gar nichts mehr anfangen konnte, und gerade dieses so wichtige Jahr war für die meisten Gleichaltrigen längst zu einem Bestandteil der Geschichte geworden.

Wenn die Elternschaft, aus welchen Gründen auch immer, davon erzählen musste, wirkte sie eher peinlich berührt.

Man wollte keine Unruhe. So lange waren Krieg und Besatzungszeit auch noch nicht vorbei. Immerhin waren in Wien erst 1955 endgültig die Demarkationslinien gefallen und der letzte Soldat der befreienden Mächte hatte die Stadt verlassen.

Finanzielle Mittel waren in den meisten sozialen Schichten vorhanden, machtvoll hatte die Sozialdemokratie ihr Füllhorn ausgebreitet.

Und sollte tatsächlich einmal das Taschengeld nicht ausreichen, dann gab es immer noch die Großeltern, die mit gesicherten Pensionen ausgestattet waren und im Allgemeinen keinen wirklich aufwendigen Lebensstil pflegten. Die Mietkosten waren großteils noch niedrig, und vor allem in den inneren Bezirken gab es eine Unzahl an alten Zinshäusern, deren Mieten nach dem Friedenszinsgesetz geregelt und deshalb extrem günstig gestaltet waren, ein Relikt aus der Zeit nach der Not des Ersten Weltkriegs, das allerdings für die Zukunft keineswegs nur Vorteile hätte bringen sollen. Den Hausbesitzern war nämlich auf diese Weise nicht einmal für dringend notwendige Sanierungsmaßnahmen Geld übrig geblieben und so verwahrlosten letztlich die Gebäudesubstanzen zusehends.

Wie auch immer – zwei Weltkriege und eine wenig erbauliche Zwischenkriegszeit hatte die Generation der Großeltern wahrlich die Sparsamkeit und einen vernünftigen Umgang mit den verfügbaren Mitteln gelehrt.

Und großartige Verführungen zum Verprassen der mühselig aufgebauten Ersparnisse gab es für sie ohnehin kaum. Flugreisen waren für die meisten nahezu unfinanzierbar, der Besitz von Auto und Führerschein selten und ein TV-Gerät sein Eigen zu nennen, war auch noch keine unbedingte Selbstverständlichkeit. So blieben letztlich bestenfalls das Radio, der eine oder andere Gasthaus- oder Theaterbesuch als Kostenfaktoren oder aber das private Kartenspiel zur Unterhaltung übrig.

Die Großeltern hielten zwar verbal die Enkelkinder zu Sparsamkeit an, waren aber dennoch in den meisten Fällen die Verständnisvollen, die erst recht davon überzeugt waren, dass die junge Generation ihren Spaß haben sollte.

Und dieser war auch zu dieser Zeit nicht unbedingt gratis, doch waren für die Jugendlichen die Alternativen beschränkt. Der Besuch einer Diskothek war finanziell aufwendig und daher nicht sehr oft möglich, Kinobesuche waren durchaus in, weil finanzierbar, wenn man sich mit den vorderen Sitzreihen begnügte, was bei vielen alten, aber günstigen Lichtspieltheatern am darauffolgenden Tag ein steifes Genick zur Folge hatte. So gab man seine finanziellen Ressourcen für sündhaft teure Treibstoffe aus, deren Erwerb aufgrund der Tatsache, dass die Autos zu dieser Zeit insbesondere im Stadtverkehr alles andere als genügsam waren, zumeist ein gewaltiges Loch in das Budget riss, und man begnügte sich oftmals mit dem Besuch eines Cafés bei einem „kleinen Braunen", mit Partys zu Hause, wobei bei Mangel an Getränken beim Gastwirt um die Ecke günstig Nachschub an eher saurem Rebensaft aus dem damaligen Rückstandsgebiet Weinviertel zu erwerben war, oder man traf sich eben in der warmen Jahreszeit in den Parkanlagen.

Es wurde ausgiebig gesungen, eine Gitarre war bald zur Hand, und auch wenn es oft nicht besonders schön klang, so hatten doch alle ihren Spaß, egal ob es jetzt alte Beatles-Alben waren oder Simon-and-Garfunkel-Lieder, die man nachträllerte. Auch beschäftigte man sich intensiv mit der ersten großen Hochblüte des Austropop, den frühen Liedern eines W. Ambros oder Georg Danzer, oder aber auch mit der Poesie eines André Heller. Natürlich wurde oft umgedichtet, verballhornt, einfach mit der Sprache gespielt und bald wurde beispielsweise jene poetisch-studentische Weisheit zum geflügelten Wort: „Die Winterlähmung hatte nun endlich der Frühjahrsmüdigkeit Platz gemacht; sodann stellte sich die Sommermattigkeit ein, die dann letztendlich der Herbstdepression weichen musste …"

Die Elterngeneration wiederum hielt es mit der Sparsamkeit oft anders.

Kleidung wurde nach Möglichkeit in der Innenstadt gekauft, die Wohnungseinrichtungen waren oft teuer und gediegen. Ein Theater- oder Konzertabonnement gehörte für die gehobene Mittelschicht und den konjunkturbedingt gebildeten „Geldadel", für die Schicht der sogenannten „Neureichen" zum guten Ton. Die Kunst des Small Talks hatte sich machtvoll aus den Vereinigten Staaten kommend insbesondere in den großstädtischen Bereich eingeschlichen, alles in allem Verhaltensmuster, die gerade zu dieser Zeit eine nicht unbedeutende Kluft zwischen den Generationen schlugen und immer wieder für Konflikte sorgten.

Die Greißler, die oft winzig kleinen, nah versorgenden Lebensmittelgeschäfte waren hübschen Delikatessengeschäften, den ersten im Angebot meist noch übersichtlich gehaltenen Supermärkten oder auch Modeboutiquen und anderen Handelsbetrieben gewichen.

Alle zog es in die Ballungszentren. Gleichzeitig boomte, dem teuren Spritpreis zum Trotz, der Bau von Wochenendhäusern aller Art und Größe, welcher viele ehemals dörfliche Gebiete in Reichweite der Städte zersiedelte und somit jede Menge natürlicher Lebensräume zerstörte. Hier wurde parzelliert, drainagiert, dort wurden Kanäle und Leitungen gebaut, um die Grundstückspreise in die Höhe zu treiben.

Und auch die Großstadt selbst erholte sich stetig von den Zerstörungen des Krieges.

Binnen weniger Jahrzehnte wurde aus der zerbombten Stadt ein Juwel, ein Schmuckstück, eine Metropole erster Güte an der Ostgrenze des freien Europas, wenige Kilometer vom Eisernen Vorhang entfernt; die Lebensqualität stieg stetig und unaufhaltsam.

Einzig und allein einige wenige überschaubare Stadtviertel im Zentrum und den zentrumsnahen Stadtbezirken erinnerten noch ein wenig an die Verwüstungen der letzten Kriegstage, was allerdings nicht sehr störend war, denn man ging einfach dort nicht hin, man musste und wollte nicht alles sehen, und es gab außer den beiden heimischen Fernsehsendern, den Radioprogrammen, den Tageszeitungen und den Illustrierten letztlich kein Medium, das mit Vehemenz darauf hinwies und eine größer angelegte Auseinandersetzung damit provozierte. So war es eigentlich recht unkompliziert, wegsehen zu können.

Das Kabarett der 70er war trotz vieler unwiederbringlicher Ikonen wie etwa Karl Farkas oder Ernst Waldbrunn ein zwar Politisches, keineswegs aber ein Gehässiges. Es überwog oftmals das Spiel mit der Sprache in einer eher seichten Themenlandschaft, es dominierte der reine Unterhaltungswert, das Lachen, der Spaß.

Die vielen Jahrzehnte der politischen, gesellschaftlichen und kriegerischen Wirren, der andauernden Auseinandersetzungen hatten aus der überwiegenden Mehrzahl der Menschen Meister der Verdrängung gemacht, die einfach nun endlich wieder dauerhaft ein gutes, ein ruhiges, ein rundum angenehmes Leben genießen wollten.

Man dachte vor allem in wirtschaftlichen Angelegenheiten durchaus positiv, aber auch recht oberflächlich, maßlos egoistisch und oft sehr bequem; im schlimmsten Fall würde es der Sozialstaat schon richten …

Sylvia versuchte wieder die Augen zu schließen, doch es war zwecklos.

Sie konnte einfach nicht einschlafen und warf sich von einer Seite auf die andere.

Sie fühlte Übelkeit aufsteigen, sprang auf und lief aufs Klo, wo sie heftig erbrach.

„… verdammter Whisky …"

⁓⁓

Der Frühsommer war ins Land gezogen und „König Fußball" war gerade im Begriff, die Welt und insbesondere Österreich fest in seinen Bann zu ziehen, zumal sich das kleine mitteleuropäische Land erstmals nach undenklich langer Zeit wieder einmal für die Weltmeisterschaften in Argentinien qualifiziert hatte.

Angesichts dieses kolossalen Ereignisses hatte sich Daniels Gefühlswelt ein wenig beruhigt, verändert; die Gedankenwelt des jungen Mannes hatte sich – weg von Sylvia – urplötzlich dem runden Leder zugewandt.

Nicht dass das hübsche Mädchen nicht weiterhin seine Gedanken und Gefühle beherrscht hätte, nein, keineswegs; dieser schwer zu durchschauende, komplexe und ziemlich in der Sackgasse steckende Mikrokosmos wurde nun durch tiefgründige Diskussionen mit Freunden und gleich gesinnten Fußballverrückten, verstärkt durch jede Menge Bier, Wein und Vorfreude überlagert.

Regelmäßig traf man sich bei einer unweit von Daniels Heimstätte gelegenen Würstelbude, deren Betreiber ebenfalls zu der Sorte der absoluten Fußballnarren gehörten, sprach dort den gekochten oder gebratenen Fleischereiprodukten und den qualitativ eher schwachen Flaschenbiersorten eifrig zu und blickte gebannt auf ein winziges Schwarz-Weiß-TV-Kästchen, welches ganz oben in einer Ecke des Dampf geschwängerten Gelasses montiert war, und blickte bzw. lauschte mangels günstiger Sicht gebannt den unzähligen Vorberichten, Analysen und Diskussionen, letztlich Sendeformate, die erst Jahrzehnte später zum alltäglichen Szenario und Usus im Rahmen von (zumeist viel weniger wichtigen) Sportevents gehören sollten.

Aufgeregt tänzelte Daniel auf und ab, prostete seinen Kumpanen, also der dort versammelten Fangemeinde zu.

„Wo, wo hast du denn die Sylvia ge…lassen? Habt Ihr nun e…e…ndlich mit eurem blöden Zirkus Schluss gemacht?"

Lallend und torkelnd trat Gustl, ein alter Schulfreund Daniels, auf diesen zu.

Wie ein Blitz durchzuckte es den jungen Mann. Er schluckte ein paarmal kräftig, fuhr sich durch sein Haar und beließ es dabei, nicht zu antworten. Seine gute Stimmung war beim Teufel. Schweigend und in sich gekehrt trank er sein Bier aus, hob grüßend die Rechte, drehte sich auf der Stelle um und schickte sich zum Gehen an.

„Was ist los? Warum gehst du schon?"

Gustl und die ganze versammelte Mannschaft starrten Daniel verwundert an.

„Ach, habt mich doch gerne …"

„Haben wir, haben wir doch … wir sehen uns dann halt morgen, wenn es dann bald ernst wird …"

Stimmengewirr …

„Ja, ja, klar …"

Daniel achtete nicht mehr auf die Leute und auch nicht auf seine eigenen Worte. Er machte eine abschätzige Handbewegung und war binnen weniger Sekunden aus dem Dunstkreis der Würstelbude verschwunden. Er kramte in seiner Hosentasche herum und brachte den Haustorschlüssel zum Vorschein. Unsicher und zittrig versuchte er das Schlüsselloch des Haustores zu treffen, was nach einigen Versuchen auch gelang. Übelkeit stieg in ihm hoch, während er die paar wenigen Stufen hinaufschritt, die in das Stiegenhaus seines Wohnhauses führten. Er holte den Lift, stieg ein und lehnte sich seufzend an dessen Rückwand. Vor seinem geistigen Auge stiegen – wie so oft in den letzten Wochen – die Buchstaben und Zeilen von Sylvias Schreiben auf, jenes grausame, schlampig zusammengefaltete Stück Papier, das die letzte Zeit emotional so maßgeblich beeinflusst, ihn völlig fertiggemacht hatte.

Warum tat sie das mit ihm, was hatte er denn so falsch gemacht?

Daniel schüttelte verzagt den Kopf und drückte langsam und ohne Motivation die Taste des 10. Stockwerks. Ebenso langsam drehte er sich um und betrachtete sein Antlitz im Spiegel des Aufzugs. Es war nicht erbaulich, was er da sah: gerötete Augen, zerzaustes Haar, ein dickliches Gesicht, verlebt, gealtert …

Rasch wendete sich der junge Mann wieder um; der Lift hielt, Daniel stieß die Aufzugtüre auf und strebte seiner Wohnung zu. Er riss sich am Riemen und versuchte das Schlüsselloch auf Anhieb zu treffen, was auch gelang. Gottlob, wie oft hatte diese Ungeschicklichkeit seinen erbärmlichen Zustand schon verraten.

Daniel trat ein und fand die elterliche Wohnung verwaist vor.

Eigenartig; der junge Mann atmete einmal tief durch und zuckte mit den Achseln.

Er öffnete die Türe seines Zimmers, trat hinein ins Dunkel, entledigte sich seiner Schuhe, warf sich auf sein Bett und starrte in die Finsternis.

Leise tickte die Wanduhr, die sich auf der anderen Zimmerseite gegenüber von seinem Bett befand.

Daniel drehte seinen Kopf zur Seite, schaltete das Licht seines Nachtkästchens ein und langte unter die Matratze. Er zog Sylvias Brief hervor, nahm das Schreiben aus dem Kuvert und begann zu lesen. Immer wieder las er die gleichen Zeilen, masochistisch, selbstzerstörerisch …

… oft lass ich willenlos mich treiben,
wie der Sturm ein Blatt verweht.
Tag für Tag schließt sich ein Reigen,
in dessen Mitte „mutlos" steht.

Höhnisch kreisten diese Worte unverwandt durch seine Gedanken, Worte eines Gedichtes, das er an jenem Tag geschrieben hatte, als er Sylvias Schreiben erhalten und erstmals gelesen hatte.

Oh, wie wahr …

Was sollte nun geschehen?

Er wusste es nicht.

Das Einzige, was er in Zusammenhang mit Sylvia in Händen hielt, war ein Foto, entstanden anlässlich eines Theaterbesuchs, und ein zerknittertes Schreiben, das wohl das Ende einer Sache zu bedeuten hatte, die letztlich nie wirklich vollendet worden war.

Daniel wälzte sich auf die andere Seite. Es war heiß; der Juni dieses Jahres zog wahrlich alle Register. Der junge Mann erhob sich, öffnete das Fenster seines Zimmers und starrte in die Dunkelheit hinaus. Der Jasmin blühte und schwängerte die Luft des beginnenden Sommers mit betörendem Duft.

„Lady Oh …" Ein Song des Begehrens, der Großstadt …

Begehren, ja es wahr wohl das Begehren, das diese unglückliche Beziehung von seiner Seite aus geprägt hatte. War er tatsächlich auf die wahren Bedürfnisse Sylvias eingegangen oder hatte er bloß aus Vermutungen gehandelt, die wohl seiner Unerfahrenheit zuzuschreiben gewesen waren?

Klar, er wollte endlich Sex, wollte endlich mit einem Mädchen schlafen.

Er wollte genau das, wozu sie derzeit offenbar nicht bereit war; nur mangelte es ihm in erster Linie an Verständnis und Feingefühl dafür, genau das zu begreifen. Es mangelte an Geduld und Erfahrung; und genau das wusste Sylvia, und das war der größte Hemmschuh.

Daniel wandte sich um, holte Sylvias Schreiben und setzte sich an seinen Schreibtisch. Nochmals las er die vernichtenden Zeilen, nahm Papier und Kugelschreiber zur Hand und begann zu antworten, schrieb langsam, konzentriert und sachlich. Seine Hand wurde schwer, die Augen fielen ihm zu. Das Letzte, was er noch an Gedanken in Erinnerung behalten konnte, war „Neuanfang …"

Sein Kopf wurde schwer, senkte sich nach vorne, er schlief ein, an seinem Schreibtisch.

Vogelgezwitscher weckte den jungen Mann. Ein weiterer prachtvoller Frühsommertag war angebrochen. Die ersten Strahlen der Morgensonne erweckten auch die andere Natur zum Leben und trieben ihre Aktivitäten an.

Daniel rieb sich die Augen und stöhnte auf. Schreckliche Schmerzen und mangelnde Beweglichkeit seines Kopfes plagten ihn. Offenbar war es die ungewohnte Schlafposition, gepaart mit kühlem Luftzug, der vor Tagesbeginn durch das geöffnete Fenster direkt auf seine Nackenmuskulatur gezogen haben dürfte, welche diese Beschwerden ausgelöst hatten.

Der Junge stand auf und streckte sich …

Er blicke auf die Uhr – halb sechs.

Ohne zu zögern tappte er zu seinem Bett und ließ sich auf das Laken fallen.

Nein, es gab etwas, das ihn störte, nicht wieder zur Ruhe kommen ließ.

Erneut stand er auf und mühte sich steifen Schritts zurück an seinen Schreibtisch.

Er ergriff das nächtlich verfasste Schreiben und ließ es in einer Schublade verschwinden.

Die derzeit durchaus friedliche familiäre Stimmung, die sollte nun wirklich nicht unnötig gefährdet werden.

Sylvia hasste Fußball, hasste ihn inbrünstig.

Ihr war der Sport ein Gräuel, sie konnte sich nicht erklären, warum zweiundzwanzig erwachsene Männer und zusätzlich noch die Unparteiischen einem runden Leder nachliefen.

Die Studentin wusste, was zu tun wäre.

Gerade zu jenem außergewöhnlichen Termin, an dem sich das Schicksal der Nationalmannschaft, also Aufstieg in die nächste Runde oder die Fahrt zurück in die ferne Heimat, besiegeln musste, setzte sie eine Party, eine Anti-Fußball-Party an, ohne Radio und natürlich auch ohne Fernsehgerät.

Natürlich informierte sie ihre Freunde und Bekannten, männlich oder weiblich, nur Daniel, den informierte sie konsequenterweise nicht.

Dieser fieberte seinerseits dem historischen Termin entgegen, pendelte zwischen seinem Stammcafé und der Würstelbude hin und her. Unzählige Bierflaschen wurden geleert, jedermann wurde zum Teamchef, alles, aber auch alles wurde besprochen und lautstark diskutiert, die Aufstellungen, die Taktik. Spanien war bereits besiegt und ein Sieg nun gegen das Dreikronenteam Schwedens würde den Aufstieg letztlich besiegeln.

Daniel stand bei der Würstelbude und setzte heftig gestikulierend die Bierflasche an die Lippen, da spürte er ein leichtes Tippen auf seiner linken Schulter. Verwundert wandte er sich um, da stand Claudia hinter ihm, ein braunhaariges, mittelgroßes etwa gleichaltriges Mädchen und grüßte ihn freundlich.

Claudia war ein liebes Mädel, eine richtig gute Freundin, nicht nur für ihn, sondern auch für Sylvia; ein klassischer Mensch zum Pferdestehlen, nicht besonders hübsch, aber auch nicht hässlich, optisch vielleicht ein wenig nichtssagend, vom Wesen her jedoch gewinnend, sympathisch, warmherzig und ehrlich.

Überdies war sie ein glühender Fan von Beethovens unvergänglicher Musik, was sie insbesondere mit Daniel verband, zumal man gerade in den 70ern bei der Jugend wenig für klassische Musik übrig hatte. Die rühmlichen Ausnahmen waren da hauptsächlich jene jungen Menschen, die selbst ein Musikinstrument lernten.

Ähnliches galt für Schlagermusik oder auch für die Lieder der Hitparaden, Musik, die zur damaligen Zeit laufend im Radio gesendet wurde. In den quasi intellektuellen Kreisen der städtischen Heranwachsenden war das allerdings strikt abzulehnende Kommerzmusik, wobei das nicht unbedingt heißen musste, dass man sich nicht daheim im stillen Kämmerchen sehr wohl an dieser vergnügte. Beatles, Stones, Kinks, das ging; das war erlaubt und lag durchaus noch im Trend. Ultimativ waren jedoch in den Augen der Jugendlichen Led Zeppelin, Deep Purple oder Ten Years After, also jene Hardrock Bands, bei deren musikalischen Ergüssen der Elterngeneration in schöner Regelmäßigkeit die Haare zu Berge standen und auf diese Weise Konflikte jeder Art geschürt wurden.

„Was machst du denn da?"

Daniel war verwundert, zumal das Mädchen relativ weit weg, nämlich im gleichen großen Stadtbezirk wie Sylvia wohnte und nur selten den Weg Richtung Stadtzentrum fand.

Lieber traf man sich draußen im Grünen, in einer der zahlreichen Buschenschenken oder bei ihr daheim, wo ein allseits beliebter schwarzer Mischlingshund sein Unwesen trieb.

„… ich habe hier in der Gegend zu tun gehabt …"

„Ach ja …"

Claudias Antwort hatte wenig überzeigend geklungen. Sie klang ein wenig unsicher und überdies war sie seit jeher eine schlechte Lügnerin. Das wusste jeder Mensch, der sie kannte.

Daniel beließ es bei der kurzen Floskel, bei der kurzen Feststellung. Er hatte derzeit nur Kopf für taktische Überlegungen in Zusammenhang mit Fußball und er wusste über Claudias Naheverhältnis zu Sylvia Bescheid.

„… na dann, viel Spaß, Daniel; was machst du übrigens hier?"

„Na hör mal, ich wohne hier, das wirst du ja wissen! Überdies wird hier über Fußball gesprochen und über nichts anderes!"

„Na gut!"

Claudia nickte, lächelte ein wenig belustigt, grüßte freundlich und wandte sich zum Gehen.

„Du weißt aber schon, dass Sylvia morgen abends eine Party gibt? Im Haus ihrer Eltern – die sind nämlich auf Urlaub."

Im Davoneilen murmelte Claudia die wenigen Worte, wobei sie darauf bedacht schien, dass einzig und allein Daniel sie hören sollte und keineswegs die restliche, zum Großteil schon jetzt am späten Nachmittag sturzbetrunkene einschlägige Gesellschaft.

Daniel zuckte zusammen und erstarrte. Er runzelte die Stirn und versuchte dem um die nächste Hausecke verschwindenden Mädchen nachzugehen, doch es gelang ihm nicht. Er stand wie angewurzelt.

„Morgen Abend, genau zum Match, verdammt, was soll das?"

Sylvia wusste natürlich von seiner Begeisterung für den Fußball, also musste sie wohl absichtlich diesen Termin so geplant haben. Allerdings hatte sie ihm ja auch geschrieben, dass sie für geraume Zeit mehr als nur Abstand wollte; das würde ja irgendwie zusammenpassen.

Warum aber Claudia mit dieser Mitteilung den Weg zu ihm gesucht, ihn in der ganzen Gegend gesucht hatte, war ihm schleierhaft.

Verwirrt und kopfschüttelnd senkte Daniel den Kopf und griff gedankenverloren nach seiner noch halb vollen Bierflasche. Er hielt sie einige Sekunden regungslos in der Rechten, führte sie zu seinen Lippen, brach jedoch ab und stellte das Glasgebinde wieder zurück auf das metallene Gesims, das die ganze Bude umgab.

„Leute ich marschiere … servus …"

Ohne ein weiteres Wort zu verlieren, wandte sich Daniel um und schritt zügig davon.

„He – sehen wir uns dann morgen abends im Café?"

Stimmengewirr.

„Klar …"

Daniel hob nochmals grüßend seine Rechte.

Er wollte weg, die Stimmenvielfalt wurde leiser, er brauchte Ruhe zum Nachdenken.

Binnen weniger Minuten hatte er den Rathauspark erreicht und nahm auf genau jener historischen Bank Platz, auf welcher er schon zu Schulzeiten so manch heitere Stunde im Kreise seiner Freunde verbracht hatte, jener Bank, die genau den beiden steinernen Statuen von Strauß und Lanner gegenüber lag, die den ganzen Platz beherrschten und mit denen er im vergangenen Jahr in hochgradig betrunkenem Zustand so intensiv Zwiesprache gehalten hatte.

Ruhig war es …

Viele Menschen hatten schon den Park verlassen. Die Mütter mit ihren Kindern waren längst daheim und saßen beim Abendbrot und auch alle anderen Werktätigen, die ihren Heimweg durch die Parkanlage gewählt hatten, waren bereits zu Hause.

Es dämmerte; intensiv begann sich Jasminduft auszubreiten, atemberaubend intensiv.

An vielen Stellen der Parkanlage standen die prächtigen Sträucher mit den hübschen weißen duftenden Blüten.

Tief sog Daniel den Duft ein, wandte sich um und blickte zum Rathaus hin, dem gewaltigen neugotischen Bauwerk, das exakt gegenüber im Burgtheater seinen optischen und architektonischen Widerpart hatte.

Der junge Mann war stolz auf seine Heimatstadt, war stolz darauf, Wiener zu sein, war stolz auf die Kultur der Metropole, die ihn so stark beeinflusste.

Ja, morgen im Kaffeehaus, das Fußballmatch – ein unwiederbringliches Ereignis – ja oder nein?

Beileibe nicht jeder Haushalt verfügte in den 70er-Jahren über ein eigenes TV-Gerät, geschweige denn über einen modernen Farbfernseher, dessen Anschaffung oft die budgetären Möglichkeiten einer Familie bei Weitem überstieg; Kosten, die man sich oftmals einfach nicht leisten konnte. Und das galt erst recht für ein Videogerät, dessen technische Entwicklung und Marktetablierung überhaupt erst in den Kinderschuhen steckte und das schon aufgrund dieser Tatsache sehr selten zu bekommen und deshalb nahezu unfinanzierbar war.

Aber es gab ja in jedem guten Wiener Café einen entsprechend ausgestatteten Fernsehraum mit Farb-TV-Gerät, wo man sich treffen, in Gesellschaft die Programm-Highlights der österreichischen Sender genießen konnte und obendrein noch Kaffee, Getränke und diverse einfache Speisen wie Schinkensemmel, Toast oder Würstel serviert bekam.

Und zu diesen Höhepunkten gehörten natürlich auch wichtige Fußballspiele …

Und morgen zur gleichen Zeit auch Sylvias Party – das andere unwiederbringliche Ereignis, eine weitere, vielleicht eine letzte Chance – ja oder nein?

Daniel rieb sich die Stirn, fuhr sich durch sein braunes Haar und erhob sich.

Ziellos schritt er die frisch asphaltierten gewundenen Wege ab und wanderte sodann Richtung Rathausplatz, jenem ausladenden, gänzlich unbebauten Areal, das sich auf seiner Schmalseite hin zur Ringstraße öffnete und auf den beiden Längsseiten von Steinstatuen wichtiger Persönlichkeiten der Wiener und damit auch der österreichischen Geschichte begrenzt und beherrscht wurde.

Der junge Mann blieb kurz stehen, ließ seinen Blick über den gewaltigen Platz schweifen und wandte sich nun der Ringstraße zu, ging die wenigen Schritte hin zum unweit davon entfernten Parlament, setzte sich zwischendurch auf eine der zahlreichen Bänke, die entlang der Prachtstraße mit ihren monumentalen Gebäuden aus dem 19. Jahrhundert für müde Touristen, aber auch für den heimischen Genießer bereitstanden, und beobachtete die Straßenbahnzüge, die quietschend an ihm vorbeirollten; alte Garnituren, moderne Triebwägen, eine Mischung aus Jung und Alt, ein Spiegelbild der Wienerstadt.

Wie gerne würde Daniel jetzt in einen derartigen Zug einsteigen und hinausfahren, hinaus ins Grüne, in die Vorstädte, zu Sylvia.

Fußball hin, Fußballverrücktheit her – das Mädchen fehlte ihm, fehlte ihm so, dass es wehtat – trotz aller Schwierigkeiten und Probleme, die für ihn untrennbar mit ihr verbunden waren. Vielleicht war sie tatsächlich seine ganz große Liebe.

Und vielleicht war es seine letzte Chance, ihr durch den Verzicht zu zeigen, wie gern er sie hatte, wie sehr er sie liebte.

Ebenso beschäftigte ihn Claudias Verhalten.

Was bewog gerade jenes Mädel, das seiner, Daniels, eigenwilligen und Konflikt beladenen Beziehung zu Sylvia immer eher skeptisch gegenübergestanden war, die Mühen auf sich zu nehmen, ihn zu suchen und ihm zu berichten?

Was steckte bloß dahinter?

Ratternd fuhr die alte Straßenbahngarnitur in die Station ein.

Der Zug war nur schwach besetzt.

Claudia saß auf einem Fensterplatz und blickte in die Dämmerung hinaus.

Es plagte sie das schlechte Gewissen.

Wem hatte sie nun einen Gefallen getan, wem nicht?

Sie dachte an Sylvia, der man in der letzten Zeit angesehen hatte, wie sehr sie litt.

Nicht dass sie unentwegt von Daniel gesprochen hätte, nein, das war es nicht.

Claudia war ein sehr feinfühliger Mensch, der jede noch so kleine Schwingung in sich aufnahm, sie registrierte und gedanklich wie gefühlsmäßig analysierte.

Jedes Mal, wenn in letzter Zeit von Daniel die Rede war, war Sylvia ein wenig zusammengezuckt und hatte verstört, vielleicht auch genervt ihren Blick gesenkt. Für einen oberflächlicheren Menschen, der über eine weniger ausgeprägte Beobachtungsgabe verfügte, wäre diese Reaktion unauffällig, vielleicht sogar beiläufig gewesen, nicht so für Claudia. Diese Reaktion passte nicht zu dem ansonsten so lebenslustigen Mädchen.

Einige Male hatte sie dieses Thema angesprochen, doch immer war Sylvia ausgewichen, hatte ihrerseits den Gesprächsstoff gewechselt.

Und tat sie Daniel nun etwas Gutes?

Sie mochte den jungen Mann gerne, er war ihr ein lieber, treuer Freund; möglicherweise war sie ganz im Geheimen sogar ein wenig in ihn verliebt; sie hatten so viel zu teilen, die Liebe zur Musik zum Beispiel. Und so sah sie auch ihn ungern leiden. Und das tat er wohl, das hatte sich überall im Freundeskreis herumgesprochen.

Claudia blickte auf und sprang in die Höhe. Jetzt hatte sie doch tatsächlich die Station verpasst, in der sie hätte aussteigen sollen.

So fuhr sie weiter; egal, Station um Station, bis zur Endstelle. Dort stieg sie bedächtig aus, dachte einige wenige Augenblicke nach, wandte sich sodann abrupt nach rechts und beschleunigte ihre Schritte. In wenigen Minuten stand sie auch schon vor dem Reihenhaus von Sylvias Eltern, jenem Haus, in dessen kleinem Vorgarten am kommenden Tag die große Party stattfinden sollte.

Der Verkehr auf der Ringstraße war schwächer geworden. Die Dämmerung war der Dunkelheit gewichen und leichter Wind kam auf, wohltuender Wind, hatte doch die kraftvolle Frühsommersonne die ganze Stadt, Beton und Asphalt gehörig aufgeheizt. Das Lüftchen wehte vom Rathauspark her, vom Westen, vom Wienerwald kommend, trug den typischen Duft der von ihrer ganzen Umgebung her so gesegneten Stadt mit sich, Rosen, Jasmin, die letzten Holunderblüten, die späten Robinien. Nur der Flieder war bereits längst verblüht.

Daniel schloss die Augen, suchte konzentriert nach einer Verbindung zwischen all seinen Sinnen, sog den Duft in sich auf und zeichnete vor seinem geistigen Auge Sylvias Bild.

„Lady Oh …" Erneut klang dem jungen, so vielfach talentierten Menschen der Song in den Ohren. Sein geschultes absolutes Gehör stellte plötzlich die gewünschte Verbindung her; As-Dur – eine seiner so hochgeschätzten b-Tonarten; sie passte herrlich zur Stimmung. Das Gesamtbild klärte sich auf, ein Bild voll Sinnlichkeit, Erotik, Begehren.

Die Schmetterlinge in Daniels Bauch begannen zu tanzen, vollführten wahre Orgien.

Urplötzlich fühlte sich Daniel auf seltsame Weise gestört, das kunstvoll zusammengefügte Bild änderte sich, doch es zerfiel nicht. Der Tanz der Schmetterlinge war anders geworden.

Der junge Mann runzelte überrascht die Stirn und wandte seinen Kopf dem Unbekannten, Neuartigen zu. Dieses entpuppte sich als Produkt eines mit hoher Lautstärke tönenden Autoradios, das dem geöffneten Fenster eines an einer roten Ampel zu stehen gekommenen Mittelklasseautos entströmte. Die Entfernung und die vielen Bäume nahmen der Lautstärke zwar einige Intensität, doch waren Melodie, Harmonie und Text immer noch recht genau zu erkennen:

Eine recht kompliziert klingende Introduktion, dann in Ges-Dur: „Lady of the dawn … I like you for your body and I love you 'cause you're wise …"

„… Fantastisch …" Daniel konzentrierte sich erneut, versuchte die recht komplexe Harmonik in Verbindung mit dem Text zu ergründen; nur noch wenige Takte, die Ampel schaltete auf Grün, die Musik wurde leiser, verstummte. Die Monotonie des Abendverkehrs übernahm wieder die Herrschaft.

„… was für ein Song …"

Daniel war völlig fasziniert. Es war das erste Mal, dass er dieses Lied gehört hatte, wusste nicht, wer es geschrieben oder interpretiert hatte, war hingerissen von einem großartigen und harmonisch ungewöhnlich schrägen Streichersatz, einem offenbar genialen Werk.

Fast klang das so wie eine Einleitung zu einem Wiener Lied oder zu einem Walzer der silbernen Ära, passte so herrlich zu Wien, zu Sylvia, zu Grinzing, zum Wienerwald, zu einer Vorstellung, einem Bild, das wahrscheinlich niemals einer Realität nachkommen könnte.

„Oh, das ist aber nett von dir, dass du mithelfen kommst!"

Voller Freude umarmte Sylvia ihre Freundin und küsste sie auf beide Wangen.

„... keine Ursache ... ich hatte ohnehin nichts Besseres zu tun ..."

Vorsichtig entwand sich Claudia Sylvias Umarmung und sah sich in dem kleinen Vorgarten um, der das hübsche Reihenhaus umgab. Unwillkürlich wanderte Claudias Blick hinüber zu den Weinbergen, die unweit oberhalb des verbauten Gebietes begannen. Steil führten sie hinauf zum „Himmel", zum Cobenzl, zu den Naherholungsgebieten der Wiener Bevölkerung. Der Wein stand in Vollblüte, leise rauschten die Blätter des Grünen Veltliners und des Rieslings im Abendwind, Blätter jener Weinsorten, für die die Stadt auf der ganzen Welt bekannt und berühmt war.

Und nicht nur die Wiener Bevölkerung schätzte die herrlich fruchtigen Weine der Großstadt, der weltweit einzigen Metropole mit eigenen Weinbaugebieten.

Tagtäglich besuchten unzählige in- und ausländische Touristen die Donaumetropole, und zu jedem Besuch gehörte untrennbar die Einkehr bei einer der Heurigenschenken, die dem Genießer entlang der Höhenrücken des Wienerwaldes von Norden beginnend bis hin in den Süden der Stadt Erholung, Speis und Trank boten.

Das brünette Mädchen seufzte; wie schön es doch hier war.

Sylvia hatte bereits den Garten dekoriert, Fackeln aufgestellt, Tische und Sessel herbeigeschafft.

„Wie viele Leute erwarten wir denn, Sylvia?"

„… schätze so gegen fünfundzwanzig, die ganze Clique eben und dann ein paar Leute von der Uni und einige Nachbarn …"

Sylvia kicherte in sich hinein.

„… nur zur Sicherheit … die Leute können sich dann nicht beschweren, wenn zu viel Krach gemacht wird."

„Und hast du schon alles? Getränke, Essen, Musik, genügend Aschenbecher – sonst kannst du tags darauf Zigarettenstummel klauben gehen? Und – bist du sicher, dass alle kommen werden? Du weißt ja, was morgen auch noch stattfindet …"

„Also – ich habe bislang keine Absage bekommen. Es gibt offenbar doch noch einige normale Menschen auf dieser Welt."

„Na wenn du meinst …"

Claudia blickte skeptisch. Ihr war zwar klar, dass man in Zeiten, wo jedermann von einem Festnetztelefon, ja vielfach einem Vierteltelefon abhängig war, ziemlich penibel Zusagen einzuhalten pflegte. So konnte es nämlich durchaus vorkommen, dass man eine halbe Ewigkeit warten musste, bis ein anderer Teilnehmer ein Gespräch beendet hatte und somit die Leitung endlich frei war.

Der bevorstehende Tag barg jedoch einfach Außergewöhnliches. Da vergaßen manche bestimmt auch ihre besten Manieren. Und Handys, gepaart mit der dazugehörigen Mobilität und den quasi unerschöpflichen Möglichkeiten einer Kommunikation, wie etwa dem Vorhandensein sozialer Netzwerke, gab es einfach nicht, nicht einmal träumen konnte man davon.

„Ich hoffe, du hast allen gesagt, dass das keine Fußballparty werden soll, also ein Fest ohne Fernsehgerät und Radio."

„… nein, nicht direkt. Aber die Leute wissen ja, dass ich Fußball hasse."

„Oje, liebe Sylvia, ich fürchte, da hast du Mist gebaut."

Bekümmert sah Claudia zu Boden und strich der Freundin übers Haar.

„Quatsch, Claudia, du wirst schon sehen! Komm mit in die Küche, wir sollten noch einige Brotaufstriche erzeugen!"

Einträchtig marschierten die beiden Mädchen ins Haus.

Im Vorübergehen inspizierte Claudia die bereits bereitgelegten Schallplatten und betätigte versuchsweise den Schalter der HIFI-Anlage, deren Lautsprecher Sylvia bereits so postiert hatte, dass die Musik direkt in den Garten hinaustönen konnte.

Das hübsche dunkelblonde Mädchen machte sich am Inhalt des Kühlschranks zu schaffen, zog alle möglichen und unmöglichen Ingredienzien hervor und blickte Claudia, die beobachtend neben ihr stand, fragend an. Sie wusste selbst, dass sie keine besondere, keine inspirierte Köchin war, und war demnach dankbar für jeden guten Rat der Freundin, die in dieser Hinsicht schon seit jeher, schon während der gemeinsamen Schulzeit begabter war als sie.

Wortlos betrachtete diese das herumstehende Zeug, nahm das eine oder andere in die Hand und stellte oftmals kopfschüttelnd Unbrauchbares in den Kühlschrank zurück.

Sie sah sich gezwungen, diese Agenden selbst in die Hand zu nehmen …

Der leichte kühlende Abendwind war plötzlich völlig eingeschlafen; der hitzegeladene Beton der Innenstadt begann zu strahlen und seine während des heißen Tages aufgenommene Sonnenenergie an die nunmehr etwas kühlere Luft abzugeben.

Es wurde drückend schwül.

Obwohl Daniel noch regungslos vor sich hin sinnierend auf der Bank saß, trat ihm der Schweiß aus allen Poren. Er öffnete weitere Knöpfe seines Hemds und krempelte die Ärmel weiter hoch; ohne nennenswerten Erfolg.

Die Schmetterlinge in seinem Bauch waren eingeschlafen; die beklemmende Schwüle hatte das so inspirierende Bild zuerst unscharf gemacht, sodann gänzlich zum Zerrinnen gebracht.

Sein wunderbarer Tagtraum hatte sich in Luft aufgelöst; Daniel sah sich unvermutet wieder auf dem Boden der Tatsachen angekommen.

Er war genau dort gelandet, wo er in letzter Zeit so häufig war: im Unschlüssigen, im Nirgendwo, in der Mutlosigkeit.

Daniel meinte, weit im Westen ein Blitzen zu vernehmen. War es Wetterleuchten, das Aufziehen eines Gewitters oder war es doch nur ein Funkenflug der Oberleitung eines Straßenbahnzuges?

Egal, der junge Mann erhob sich, wischte sich mit dem rechten Hemdsärmel den Schweiß von der Stirn und trottete in Richtung heimatlicher Gefilde. Langsam, ohne Hast und Ambition schlich er leicht bergan, am Rathaus vorbei, und er näherte sich der 2er-Linie, jenem langen, die Innenstadt von den inneren Bezirken trennenden Straßenzug, der seine eigenartige, im Volksmund aber höchst geläufige Bezeichnung von den drei Straßenbahnlinien, dem E2, G2 und H2 erhalten hatte, die über viele Jahrzehnte hindurch seinem Verlauf gefolgt waren. Seit etwa 10 Jahren wurden die Linien nun schon unterirdisch geführt, in absehbarer Zeit sollte hier eine echte U-Bahnlinie eröffnet werden.

Der Junge beschleunigte seine Schritte, schlängelte sich durch die vielen Baustellen, überquerte die breite, viel befahrene Straße und befand sich sogleich in der Hauptstraße seines Wohnbezirkes. Gleich an der nächsten Häuserecke prangte lockend das Schild eines alt eingesessenen Gasthauses, vor dem sich einige grün-weiß gedeckte Tische und Kunststoffsessel befanden. Es waren keineswegs alle besetzt. Im dicht verbauten städtischen Gebiet saß man lieber im Lokal. Gastgärten an einer Straßenfront hatten sich zu diesem Zeitpunkt noch nicht wirklich durchgesetzt. Matt schimmerte das schwache Neonlicht der Thekenbeleuchtung durch die Oberlichte und die geöffnete Eingangstüre, und es plagte sich durch die verschmutzten Fenster in die Nacht hinaus.

„… hat auch schon bessere Zeiten gesehen …"

Daniel schüttelte den Kopf.

In der Schulzeit war die ganze Clique manchmal dort gewesen. Einmal hatte es unangenehme politisch begründete Streitereien mit anderen Gästen, ewig Gestrigen, der durchaus aktiven äußerst rechten Szene gegeben. So ging man dann nicht mehr hin und besuchte fortan ein anderes Lokal, das wenige Gehminuten stadtauswärts gelegen war und außerdem einen netten, ruhigen Gastgarten in einem begrünten Innenhof hatte.

Dem jungen Mann waren diese unangenehmen Erlebnisse zur Stunde allerdings völlig gleichgültig. Er hatte quälenden Durst und ließ sich auf einem der leeren Stühle nieder.

„Guten Abend, was darf ich bringen?"

„… einen ‚Weißen Riesen' bitte …"

„Sofort, der Herr …"

Schwitzend kehrte der alte Kellner um und schlurfte in das Lokal hinein.

Es dürfte einige Jahre her gewesen sein, als Daniel und sein Freundeskreis diesen Ausdruck für einen Viertelliter Weißwein und die gleiche Menge Sodawasser, serviert in einem großen Bierglas, geprägt und in Umlauf gebracht hatten. Und er war schnell gebräuchlich geworden …

Wenig später erschien der Kellner erneut und brachte das gewünschte Getränk.

Dankbar setzte Daniel das Glas an die Lippen und stürzte das eiskalte Nass in einem Zug die Kehle hinunter.

„Noch einmal?"

Verständnisvoll schmunzelnd sah der Kellner den jungen Mann an.

Dieser nickte eifrig und blickte hinüber auf die andere Straßenseite. Dort hatten die Großeltern gewohnt; ein eigenartiges Haus, stillos, halbmodern; es dürfte wohl in den Dreißigerjahren gebaut worden sein. Auch die Trafik und das Blumengeschäft existierten noch. Daniel konnte sich gut an einen ganz typischen Duft des Eingangsbereiches erinnern: Pfingstrosen …

Die Großmutter war früh verstorben; nur ganz blass war die Erinnerung. Der Großvater hatte hingegen noch lange gelebt, hatte noch seine, Daniels, Matura erlebt. Der rüstige, aber durchaus streitbare Alte hatte seine wahren Heimstätten in den diversen Kaffeehäusern der unmittelbaren Umgebung. Dort war er tagsüber regelmäßig aufzufinden. Der Junge hatte ihn oft und gerne dort besucht, manchmal auch gesucht; in vielen Fällen war ein erfreulicher Zuschuss zum Taschengeld das Ergebnis.

Wieder kam der Kellner und stellte das volle Glas auf den Tisch. Die Luft stand …

Von der Ferne her war leises, jedoch andauerndes Grollen zu vernehmen.

„… scheint bald loszugehen …"

Daniel nickte beipflichtend und griff nach seinem Glas.

Der Kellner beeilte sich die Salz- und Pfefferstreuer sowie die Tischtücher einzusammeln und in den Schutz des Innenraumes zu tragen.

Auch die anderen Gäste blickten besorgt in die Dunkelheit hinauf, wo in Windeseile immer mehr Blitze dräuendes Gewölk am Nachthimmel sichtbar machten.

Ein heißer Windstoß fuhr durch den Straßenzug; irgendwo klirrte Glas.

Rasch trank Daniel aus, griff nach seiner Geldtasche, nahm zwei Zwanzigschillingnoten heraus, betrat die Gaststätte und reichte sie dem Kellner.

„… stimmt so …"

„… oh danke, der Herr …"

Daniel grüßte und verließ das Lokal. Schon fielen schwere Tropfen vom Himmel; Blitz folgte auf Blitz, Donner auf Donner. Binnen Sekunden hatte der Himmel alle Schleusen geöffnet.

Der junge Mann breitete die Arme aus und reckte sein Gesicht gegen den Himmel. Wohltuend war das Nass.

Ebenso wohltuend erschien plötzlich der Gedanke an den kommenden Tag. Daniel wusste, was er zu tun hatte, wofür er sich entscheiden musste; Sylvia war ihm wichtiger als alles andere auf dieser Welt.

Auch bei den beiden fleißigen Mädchen war der Teufel los. Alles, was nicht niet- und nagelfest war, flog durch die Gegend. Ein Orkan fegte von den Wienerwaldbergen herab, riss Äste, Zaunlatten, aber auch jung ausgepflanzte Weinstöcke mit sich.

Claudia und Sylvia hetzten panisch herum. Alles, was sie zuvor mühsam in den Garten geschleppt hatten, musste so rasch wie möglich ins Haus zurück.

Alles war so rasend schnell gegangen.

Der Kühlschrank stand offen, überall lagen Messer und Gabeln herum, ein Paket Butter und eine geöffnete Sardinendose hatten sich verselbstständigt und lagen fetttriefend auf dem Küchenboden.

Die Mädels stöhnten …

Die letzte Fackel und der letzte Sessel waren in Sicherheit gebracht, da schlugen auch schon die ersten Hagelgeschosse gegen die Fenster. Blitz folgte auf Blitz, Donner auf Donner.

Es schüttete in einer Art, dass es jeder Beschreibung spottete.

Zitternd saßen die Mädchen beim Fenster und blickten ungläubig und sprachlos in das undurchdringliche Grau hinaus. Grelle Blitze erhellten Bruchteile von Sekunden lang das herrschende Chaos, ermöglichten den Betrachterinnen einen kurzen Blick auf herumwirbelndes Gut.

Claudia ergriff die Hand ihrer Freundin und begann leise zu beten.

Das Unwetter hatte sein Werk getan …

Während drinnen im städtischen Gebiet schön langsam Normalität einkehrte, waren draußen, im Westen der Stadt, die Feuerwehren im Dauereinsatz, pumpten Keller und Straßenunterführungen aus. Mit sorgenvoller Miene brachen in der Morgendämmerung die Weinhauer in Gummistiefeln zu ihrer Existenz, zu den Weingärten, auf, bahnten sich mühevoll einen Weg durch die durchweichten Böden, schüttelten eins ums andere den Kopf und ballten voller Zorn die Fäuste: der gewaltige Hagelschlag, der Sturm … Die heurige Blüte, die meisten jungen Triebe und viele der jungen Stöcke waren weitgehend vernichtet; dieser Jahrgang dürfte für den Wiener Weinbau wenig Erfreuliches hervorbringen.

Der Morgen graute, als Claudia und Sylvia erwachten.

Eng zusammengekauert waren sie eingeschlafen, hatten nicht mehr bewusst miterlebt, wie sich das Unwetter endlich verzogen hatte, es wieder ruhig geworden war.

Die beiden Mädchen gähnten und blinzelten zum Fenster hinaus. Nebelfetzen zogen herum, krochen die Rieden hinauf. Mühsam plagte sich die Sonne durch die milchige Suppe.

„Mal sehen, was alles kaputt ist …"

Besorgt erhob sich Sylvia, streckte sich, schlurfte in den Flur, öffnete die Türe und spähte vorsichtig in den Garten hinaus.

„Mein Gott, Claudia, komm schnell!"

Erschrocken kam die Gerufene gelaufen und blickte angstvoll nach links und rechts.

Sylvia wies auf die vielen abgebrochenen Äste und Zweige, die überall herumlagen, eine Unzahl an Blütendolden, an unreifen Marillen und Zwetschken; die Ostbäume, der Stolz der Eltern, schienen fast kahl zu sein. Der Garten glich einer einzigen Müllhalde.

Die Mädchen fröstelte; bedrückt zogen sie sich ins Haus zurück und schlossen die Eingangstüre hinter sich.

Schlaftrunken taumelte Daniel aus seinem Zimmer, schob grußlos seine Eltern beiseite, die sich soeben anschickten, die Wohnung zu verlassen, und ging weiter ins Wohnzimmer.

Er schaltete das Fernsehgerät ein.

„Schlimm, schlimm …"

Daniels Vater war dem Jungen gefolgt und warf noch einen schnellen Blick auf die Mattscheibe.

„Was?"

„Die Schäden, schau dir diese Schäden an … schrecklich …"

Kopfschüttelnd drehte sich der Mann wieder um und kehrte nachdenklich in den Flur zurück, wo Daniels Mutter ungeduldig wartete.

„Jetzt mach schon, sonst kommen wir zu spät ins Büro …"

„Ist schon gut, Helga … Servus, Daniel, mach's gut!"

Mit kurzem Gruß verließ das Ehepaar die Wohnung und Daniel widmete sich ganz dem Fernsehgerät.

Statt Vorberichten über das Fußballmatch sendete man erschreckende Bilder aus den Katastrophengebieten in Niederösterreich und Wien: über die Ufer getretene Flüsse und Bäche, einen rasant steigenden Pegel des Donaustroms, entwurzelte Bäume aus dem Wiener Umland, dem Wienerwald. Das Marchfeld, der Gemüsegarten Ostösterreichs, schwamm davon, binnen weniger Stunden war der Russbach über die Ufer getreten.

Man sendete Spendenaufrufe und Interviews mit den vielen Betroffenen.

Daniel ließ sich auf dem Boden nieder und verfolgte mit offenem Mund die Berichterstattung.

Ein Ruck durchfuhr ihn.

Wie es wohl draußen bei Sylvia aussehen würde …

Es hielt ihn hier nicht mehr, vielleicht könnte er helfen.

In Windeseile zog er sich an, packte eine Jacke, kramte nach seinen Autopapieren, steckte flugs Zigaretten und Feuerzeug ein, stürzte auf den Gang hinaus, knallte die Wohnungstüre hinter sich zu und jagte das Treppenhaus hinunter.

Voller Hektik suchte er sein Auto und fand es auf der gegenüberliegenden Straßenseite auf einem Schrägparkplatz abgestellt. Nervös nestelte er am Autoschlüssel herum, sperrte auf, startete, der Motor heulte auf.

Die Wohnungsschlüssel, die hatte er allerdings daheim vergessen …

„Verdammt!"

Daniel stöhnte. Die nächste Umleitung hatte den ohnehin dichten Stadtverkehr jetzt, am frühen Vormittag, erneut zum Erliegen gebracht. Vielerorts standen Einsatzfahrzeuge herum, Polizei und Feuerwehr sicherten Fassadenteile, die aufgrund der Nässe, des Orkans oder des Hagelschlags auf die Gehsteige herabzustürzen drohten. Ganze Straßenzüge waren abgesperrt; Oberleitungen von Straßenbahnen waren gerissen. Das Chaos war kaum zu überbieten.

Im Schritttempo schlichen die Fahrzeuge dahin; dann stand wieder alles.

Eine Unterführung stand offenbar immer noch unter Wasser und die wenigen funktionierenden Ampelanlagen waren fehlgesteuert oder blinkten lediglich gelb.

Ungeduldig kramte Daniel in seiner Jacke herum, suchte seine Zigaretten, ertastete die Schachtel.

Er entnahm dem Päckchen einen Glimmstängel, drückte kräftig auf den Zigarettenanzünder und klopfte nervös auf das Lenkrad.

„So mach schon …"

Endlich signalisierte das alte Ding mit einem leisen „Ping" seine Einsatzbereitschaft.

Daniel blies einmal kräftig durch und zündete sich die Zigarette an. Er kurbelte das Fenster hinunter, ließ den linken Arm hinausbaumeln und pochte von außen auf das Metall der Karosserie.

Gierig sog der junge Mann den Rauch ein und ließ ihn durch die Nase wieder ausströmen.

„Nicht zu glauben …" Es ging wieder ein paar Meter voran.

Je weiter man sich dem westlichen Stadtrand und den Wienerwaldbergen näherte, desto augenfälliger wurden die Verwüstungen. Glasfenster lagen herum, ganze Zäune, Plakatwände waren niedergerissen, und obwohl der Verkehr schwächer geworden war, ging auch hier nichts.

Eine einsame leere Straßenbahn stand mit offenen Türen herum. Die Schienen waren unterspült worden. An eine Weiterfahrt war nicht zu denken.

Gefühlsmäßig mussten Stunden vergangen sein …

Daniel bog nach links ab und erreichte nach wenigen Metern das schmale Gässchen, das zum Haus von Sylvias Eltern führte. Er zögerte kurz und lenkte das Fahrzeug auf einen leeren Parkplatz. Er stellte den Motor ab und blieb im Wagen sitzen.

Es war heiß geworden. Die Sonne hatte all den Nebel, die Feuchtigkeit aufgesogen. Unschuldig blau war der Himmel geworden; kein Wölkchen zeigte sich mehr.

Der Junge beobachtete die Menschen, die überall fleißig in ihren Gärten werkten, mühevoll das hinterlassene Chaos zu beseitigen suchten. An manchen Ecken türmten sich Berge von Astwerk und kaputten Blumentöpfen.

Bedächtig öffnete er die Autotüre und stieg aus.

Sein Herz klopfte. Was würde ihn erwarten?

Sylvia und Claudia waren indes der Verzweiflung nahe. Das umherliegende Zeug wurde einfach nicht weniger. Hände, Gesicht, die Jeans, die Shirts, alles war mit Lehm beschmiert, durchnässt.

„Hey, braucht ihr Hilfe?"

Die Mädchen schreckten auf.

Claudia fing sich als Erste und lief dem Freund freudig erregt entgegen.

„Na klar! Danke – was machst du denn da?"

Schon wollte sie zu einer herzlichen Umarmung ansetzen, doch sie zog sich rasch zurück.

Daniel blickte sie verwundert an.

„Was ist?"

„Schau mich doch an; du wirst ganz schmutzig werden."

„Ach so …" Daniel schmunzelte und versuchte aus den Augenwinkeln heraus erfolglos Sylvias Blick zu erhaschen. „Du wirst sehen, ich werde heute noch genauso verdreckt werden wie du."

Claudia lachte, klopfte dem Freund auf die Schultern und schob ihn in den Garten hinein, wo Sylvia ungerührt damit beschäftigt war, die letzten abgebrochenen Aststücke auf einen Haufen zu schlichten.

Sie schien Daniel nicht bemerken zu wollen. Ohne den Jungen eines Blickes zu würdigen, schritt sie an ihm vorbei, nahm Claudia bei der Hand und zog sie mit ins Haus hinein.

„Was macht er denn da?"

Verärgert blickte Sylvia der Freundin in die Augen.

„Weiß er von der Party? Hast du ihm davon erzählt?"

Betreten sah Claudia zu Boden und schwieg.

Das Schweigen reizte das dunkelblonde Mädchen.

Sie packte Claudia bei den Schultern und schüttelte sie.

„Sag schon!"

„Also gut, ja, ich hab ihm letzthin einen Tipp gegeben."

„Warum hast du das getan, warum? Du weißt doch, dass ich den Robert eingeladen habe. Er hält auch nichts von Fußball und kommt angeblich alleine. Ich muss wissen, was da noch geht …"

„Wie bitte? Habe ich da etwas verpasst? Ich hatte immer geglaubt, es geht nur um Daniel und deine fehlende Entschlusskraft."

Stirnrunzelnd riss sich Claudia los und fixierte ihrerseits die Freundin.

„Sei mir bitte nicht böse, aber ich kenne mich jetzt wirklich nicht mehr aus!"

„Ach du Unbedarfte …"

In wenigen kurzen Worten berichtete Sylvia von ihrem Erlebnis, dem Fehltritt im März; gestand der Freundin, wie sehr sie das in den letzten Wochen beschäftigt und wie sehr sie das schlechte Gewissen geplagt hatte.

„Es war mir klar, dass du kaum Verständnis haben würdest!"

Claudia nickte heftig. Dafür hatte sie wahrlich kein Verständnis. Sie hatte zwar gelernt, mit Sylvias Sprunghaftigkeit und Eskapaden klarzukommen. Diese Dinge, Fehltritte und wenn auch oft weinselige Abenteuer, waren jedoch so gar nicht ihre, was im weitesten Sinne auch für Daniels Weltsicht galt.

Jetzt tat ihr der Junge doppelt leid.

„Heilige Scheiße ... das hätte ich wissen müssen ..."

Sie blickte zum Fenster hinaus, wo Daniel soeben damit beschäftigt war, den desolaten Gartenzaun notdürftig zu reparieren, und sie bereute es zutiefst, dem Jungen von Sylvias Partyplanungen erzählt zu haben.

„Du nervst, Sylvia, eigentlich nervst du ganz schrecklich."

Die Angesprochene zuckte bloß mit den Achseln.

Daniel wischte sich den Schweiß von der Stirn. Unbarmherzig brannte die Sonne nieder.

„Ganz ansehnlich ..."

Er betrachtete sein Reparaturwerk und nickte beifällig.

Sylvias Verhalten hatte er weggeschoben. Er wollte hier einfach nur helfen und alles andere am besten vergessen.

Er legte Zange und Hammer beiseite, ging zu einer Regentonne und wusch sich notdürftig Hände und Gesicht.

„So, ich fahre jetzt wieder! Tschüss!"

Schnurstracks, ohne sich noch einmal umzuwenden, verließ Daniel das Grundstück und schickte sich an zu seinem Wagen zurückzukehren, da öffnete sich die Haustüre und Claudia lief ihm nach.

„Warte auf mich ... nimm mich bitte mit, ich muss nach Hause, duschen und umziehen."

„Klar!"

Galant öffnete Daniel die Beifahrertüre und ließ das brünette Mädchen einsteigen.

Beide schwiegen, hingen ihren Gedanken nach.

„Hallo, da sind wir, bei dir zu Hause ..."

Daniel tippte der Freundin auf die linke Schulter.

„Ah ja ... danke schön fürs Mitnehmen ... magst du nicht mitkommen, einfach nur reden?"

„Danke, lieb von dir, aber ich sollte auch nach Hause."

„O. k., wie du willst."

Das Mädchen stieg aus, überquerte die Straße und verschwand im Haustor.

„Die dumme Gans kann mich mal …"

Es stand außer Zweifel, dass Daniel richtig sauer war, so sauer, dass sich sämtliche Schmetterlinge in seinem Bauch in tiefem Schlaf befanden und sich auch die in Tagträumen so fantastisch gemalten bunten Bilder wenn überhaupt, dann nur mehr in matten Grautönen präsentierten.

Der Junge bog in die Gasse ein, wo sich sein Wohnhaus befand.

Ha, da war sie ja, die Würstelbude.

Daniel blickte auf seine Uhr: ½ 5 am Nachmittag.

Er schüttelte den Kopf; so lange Zeit hatte er verbockt, unnötig verbockt, sich durch das Chaos gewälzt, helfen wollen; alles Mist …

Der Junge stellte seinen Wagen ab, griff nach den Zigaretten und der Geldtasche und sprang aus dem Auto.

Da standen sie schon in dichter Traube, die Fußballkumpanen, rund um den Würstelstand, trinkend, quatschend.

Grüßend gesellte sich Daniel dazu. Ohne nachfragen zu müssen, stand eine Flasche Bier vor seiner Nase und eine Bratwurst duftete. Hungrig und durstig fiel er über die Köstlichkeiten her. Mit vollem Mund, kauend erkundigte er sich über die neuen Entwicklungen vor dem Match. Für den Augenblick waren das schreckliche Unwetter, die Zerstörungen und Sylvias Verhalten vergessen.

Die Spannung erreichte bald den Höhepunkt; ein Bier nach dem anderen floss durch die Kehlen der durstigen Runde. Die Unterhaltungen wurden seichter, dümmer, zum Teil aggressiver. Viele Kumpanen schwankten bereits, was Daniel missfiel. Er selbst wollte nämlich das Fußballspiel bei halbwegs vollen Sinnen genießen. Missmutig betrachtete der Junge sein Outfit und erschrak. Die Hose war ja immer noch voller Lehm. Er musste schleunigst nach Hause, duschen, umziehen. Er zog sich aus der Runde zurück, fingerte in seinen Hosentaschen herum und runzelte die Stirn: Wo war bloß sein Schlüsselbund?

Daniel lief zum Auto zurück und kramte in den Taschen der dort zurückgelassenen Jacke herum – erfolglos. Der Junge setzte sich in den Wagen und dachte krampfhaft nach, zermarterte sein Gehirn. Nach und nach keimte in ihm die grausame Befürchtung, dass er die Schlüssel bei den Reparaturarbeiten in Sylvias Garten ausgestreut hatte.

„Verdammt!"

Wütend knallte er mit der Faust gegen das Lenkrad.

„Das habe ich nun wirklich dringend gebraucht!"

Daniel dachte noch einige Sekunden nach, stieg dann aus und lief zu einer Telefonzelle, die unweit neben dem Würstelstand stand, betrat sie, warf eine Münze ein und rief zu Hause an. Vielleicht war der Schlüsselbund ja in der Früh zu Hause geblieben.

Es piepte das Freizeichen, wieder und wieder …

„Bitte …"

Daniel stampfte ungeduldig auf und legte sodann resignierend den Hörer auf die Gabel.

Ungesehen marschierte er an der betrunkenen Gruppe vorbei zu seinem Auto.

„Was bleibt mir anderes übrig?"

Murrend, schimpfend, aber auch besorgt startete er den Motor, parkte aus und fuhr in die langsam aufkeimende Dämmerung hinein.

Gottlob, der Verkehr war schwach, das bevorstehende Match, das in absehbarer Zeit beginnen sollte, erwies sich als klassischer Straßenfeger.

Auch waren die Verkehrswege schon wieder weitgehend frei befahrbar. Viele Menschen, beteiligt oder unbeteiligt, hatten gewaltige Arbeit geleistet.

Daniel machte das Autoradio an und stutzte. Da war es wieder, das Lied „Lady of the dawn …" Bei nächster Gelegenheit parkte er den Wagen ein und lauschte verzückt.

Er sah beim Fenster hinaus und erspähte unweit entfernt ein kleines Café, das er nicht kannte. Nach dem Ausklingen des letzten Takts sprang er aus dem Auto und betrat das winzige Lokal. Es war nahezu menschenleer. Lediglich eine junge, sichtlich blond gefärbte Servierkraft hing an der Theke herum. Daniel setzte sich an ein Tischchen und bestellte ein Glas Wein.

Einige Zeit lang saß er da und hing seinen Gedanken nach. Hin und wieder nippte er an seinem Glas; der Wein war sauer, er hatte kein Bukett. Unzufrieden rümpfte er die Nase, was die Serviererin rasch bemerkte.

„Tut mir leid, immer wieder beschweren sich Gäste, dass der Wein nicht schmeckt. Aber der Chef tut nichts dagegen. Er meint, es wird hier in dem Café ohnehin kaum Weißwein getrunken."

„Kein Problem ... habe schon Schlechteres getrunken."

Daniel lächelte in sich hinein und machte eine beiläufige Handbewegung.

Der Serviererin war sterbenslangweilig. Sie trat hinter die Theke, nahm ein Whiskyglas zur Hand und schenkte sich einen Fingerbreit Scotch ein. Sie nahm das Glas, umrundete die Theke und näherte sich ihrem einsamen Gast.

„Darf ich?"

Sie sah Daniel kurz in die Augen und wies auf einen zweiten Stuhl, der an dem Tischchen stand.

„Klar ... gerne ..."

Die etwa mittelgroße Blondine nahm Platz und schlug ihre Beine übereinander. Sie trug Netzstrümpfe und einen kurzen, schwarzen, jedoch ein wenig fleckigen Rock.

„Ich habe dich hier noch nie gesehen. Bist du neu in der Gegend? Ich heiße übrigens Trixi."

„Angenehm ... ich bin Daniel ... möchtest du?"

Höflich nickte der Junge, nahm seine Zigarettenpackung zur Hand und bot sie seinem Gegenüber an. „Oh, danke ... gerne."

Vorsichtig zog die Kellnerin eine Zigarette aus der Packung. Daniel langte in seinen Hosensack und brachte sein Feuerzeug zum Vorschein. Galant gab er Trixi Feuer; den Bruchteil einer Sekunde lang berührten sich ihre Finger.

„Danke."

Genussvoll zog die Blonde an ihrer Zigarette, nahm mit ihren schlanken Fingern das Whiskyglas zur Hand, führte es bedächtig zum Mund und nippte daran.

Verstohlen betrachtete der Junge die junge Frau. Sie war kräftig geschminkt, vielleicht das eine oder andere Jahr älter als er selbst. Hübsch, nein, richtig hübsch war sie eigentlich nicht; oder doch? Wahrscheinlich lag es nur an ihren Haaren; es schien, als hätte sie ein wenig zu viel Wasserstoffsuperoxid zum Bleichen verwendet. Daniel mochte das absolut nicht; er bevorzugte Natürlichkeit, was durchaus auch dem Zeitgeist entsprach.

Der Junge räusperte sich, griff seinerseits nach seinem Glas und tat einen kräftigen Schluck.

„Brrrr … er ist wirklich sauer …"

Trixi lachte und wies auf Daniels verschmutzte Kleidung.

„Hast wohl heute mitgeholfen …"

„Ja, ein bisschen."

„Das sieht man; finde ich toll … wo musst du denn noch hin?"

Daniel seufzte, fingerte am Weinglas herum und berichtete Trixi in kurzen Worten von seinem Problem mit den Schlüsseln.

„O weh, das ist Pech! Da wirst du ja auch das Match versäumen … und ich kann da gar nichts für dich tun. Wir haben hier weder Radio noch Fernsehgerät."

„Ist nicht so tragisch – glaube ich – ich habe nämlich zusätzlich noch ganz andere Probleme."

„Klingt ganz nach einem Mädel, denke ich …"

Daniel nickte und ärgerte sich unverzüglich über seine offenherzigen Aussagen.

„Die muss aber ganz schön blöd sein. Du bist, so glaube ich, ein ganz guter Typ."

„Woher willst du das wissen? Du kennst mich doch gar nicht."

Daniel errötete verlegen.

„Ich bin Kellnerin, da habe ich mit vielen Männern zu tun. Da bekommt man einen Blick dafür."

Der Junge schluckte und zündete sich selbst eine Zigarette an. Er fühlte sich unbehaglich, das Gespräch passte ihm nicht. Rasch leerte er sein Weinglas und langte nach seiner Geldtasche.

„Du willst schon gehen?"

Verwundert sah ihn Trixi an.

„Ich denke schon! Was bin ich dir schuldig?"

Trixi zuckte mit den Achseln; sie stand auf, nahm ihr Glas und ging zur Theke, wo offen ihre schwarze Brieftasche herumlag.

Sie dämpfte ihre halb gerauchte Zigarette aus, strich genervt eine Haarsträhne aus dem Gesicht und kehrte mit ihrer Geldtasche zu Daniel zurück.

„Sechzehn Schilling bitte."

Daniel gab der Kellnerin eine Zwanzigschillingnote.

„Stimmt so."

Abrupt stand der Junge auf und strebte eilig dem Ausgang zu.

„He Daniel ... komm mal wieder vorbei!"

„Mach ich vielleicht. Tschüss."

Der Junge warf Trixi einen argwöhnischen Blick zu und verließ rasch das Lokal.

Anmache wollte er erst recht nicht; da war er grundsätzlich wenig empfänglich dafür; er misstraute ihr zutiefst. Seit Sylvias vernichtendem Schreiben hatte der ohnehin vorsichtige Junge eine weitere Barriere um sich aufgebaut, eine Abwehrschranke, die besonders Fremden oder wenig Bekannten gegenüber Offenherzigkeiten wie eben diese in Hinkunft verhindern sollte.

Sylvia stand im Bad und frottierte ihr Haar. Sie betrachtete sich im Spiegel und nickte zufrieden. Alles hatte sie letztlich ohne weitere Hilfe geschafft. Tische und Sessel standen wieder im Garten und auch die Fackeln befanden sich erneut an Ort und Stelle. Die Musikanlage funktionierte einwandfrei, sie hatte tatsächlich einige genießbare Brotaufstriche erzeugt und das Chaos aus der Küche entfernt.

Sie zog jenes blütenweiße, kurze, duftige und dezent durchsichtige Sommerkleid an, das ihre wohlgeformten Beine und ihre hübsche Figur besonders eindrucksvoll und sexy zur Geltung brachte, und schlüpfte in ihre cremegelben Sommerstiefel mit dem guten Profil, zumal das Erdreich im Garten noch ziemlich aufgeweicht war.

Noch einmal trat sie vor den Spiegel, schminkte sich dezent und kämmte ihr schulterlanges Haar.

Sylvia ging in den Garten hinaus. Es war herrlich warm; schon war die Sonne hinter den Bergen des Wienerwaldes verschwunden; der Himmel färbte sich in ein tiefes unschuldiges Blau.

Das Mädchen setzte sich auf einen Stuhl, überprüfte noch einmal flüchtig die abgeschlossenen Vorbereitungen und atmete einmal tief durch.

Mit der Muße kam die Verwirrung. Bislang hatte sie kaum Zeit zum Nachdenken gehabt.

Je mehr sie über die Ereignisse des letzten Tages nachsann, desto konfuser erschien ihr ihre Lage. Rundum herrschte noch immer das Chaos, ihre beste Freundin hatte sie verärgert; einen Freund, der nur helfen wollte, einfach ignoriert, links liegen gelassen und nun wartete sie letztlich auf ihre große Liebe, die längst vergangen war und derzeit wahrscheinlich auch nicht wirklich zu haben war.

Sie fuhr sich unschlüssig, vielleicht auch ein wenig nervös durch ihr Haar, biss sich auf die Unterlippe und blickte zum Himmel empor, wo gerade der erste Stern aufblinkte.

Sie stand auf, zündete sich eine Zigarette an und entflammte die Fackeln. Sylvia ging ins Haus hinein, holte sich ein Glas Weißwein und legte Neil Diamonds „Beautiful Noise" auf den Teller des Plattenspielers.

Leise mitsummend und wippend trat sie wieder in Garten hinaus, wo mit einem Schlag die bislang so wohltuende Beschaulichkeit ein abruptes Ende gefunden hatte. Aus den geöffneten Fenstern der Nachbarhäuser drang eine Kakofonie aus Gebrüll, Gelächter und hektischem Fernsehkommentar.

Das Spiel der Spiele hatte offenbar begonnen.

Daniel warf die Autotüre ins Schloss und trabte zaghaft die wenigen Meter hin zu Sylvias Garten, wo die brennenden und rußenden Fackeln bizarre Schatten warfen.

Alles schien verwaist.

Aus der HiFi-Anlage tönte Neil Diamonds „Star Gazer".

Der Junge trat durch die Gartentüre, spähte nach links und rechts, fand keine Menschenseele vor und seufzte erleichtert. Leise tappte er hin zum frisch instand gesetzten Zaun, suchte den feuchten Boden ab, trat zur Regentonne und strich mit den Händen über das kurze, frisch geschnittene Gras. Erfolglos …

„Verdammt!"

Angestrengt dachte Daniel nach, wo er noch hätte gewesen sein können und schüttelte verzweifelt den Kopf.

Letztlich resignierte er und schlich auf Zehenspitzen zur Gartentüre zurück.

Ein Gewitter aus Johlen, Pfeifen, aber auch aus kräftigem Applaus entlud sich in den Nachbarhäusern, drang aus den Fenstern. Es wurde rundherum lebendig. Einige Leute – Daniel kannte sie nicht – verließen hastig ihre Wohnstätten und liefen in Richtung der hell leuchtenden Fackeln.

Eine kleine Menschentraube zwängte sich durch die Gartentüre, riss den Jungen fast nieder. Doch dieser ging aus dem Weg, überquerte die Gasse und betrachtete argwöhnisch das Geschehen aus sicherer Entfernung. Er blickte auf seine Armbanduhr: 21.50 … also Pause.

Daniel wandte sich um und entdeckte in einem finsteren Winkel der Gasse eine Telefonzelle. Verzweifelt, voll von schlechtem Gewissen betrat er diese und rief zu Hause an. Der Vater meldete sich mit erregter Stimme: „Ja, Junge, wo steckst du denn?" „Ich schau mir das Match mit ein paar Freunden an …" Daniel log, dass sich die Balken bogen. „Aber viel wichtiger: Sind meine Schlüssel zu Hause? „Warte einen Augenblick!" Der Vater schlurfte ins Vorzimmer und betrachtete das Schlüsselboard, wo auch tatsächlich Daniels Schlüsselbund hing. „Ja, ja, keine Sorge, die sind da, hattest du wohl vergessen …"

„Gott sei Dank!" Daniels Erleichterung kannte keine Grenzen. „Danke, Vater, du hast mir das Leben gerettet." „Kein Problem, wann kommst du denn heim?" „Kann ich nicht sagen." „Ist schon recht; ist ja auch ein aufregender Tag. Melde dich bitte, bevor du heimkommst. Irgendwie müssen wir dich ja beim Haustor reinlassen. Und dein Läuten hören wir vom Schlafzimmer aus sicherlich nicht." „Ist O. k., Dad! Viel Spaß und grüß mir die Mutter!"

Daniel atmete tief durch und hängte erleichtert den Hörer auf die Gabel. Mit der Erleichterung kam unverzüglich Ärger auf, maßloser Ärger über alles Vergebene; kein Fußballspiel, keine Party, keine Sylvia …

Er verließ die Telefonzelle und wanderte die wenigen Meter hin zu seinem Auto. Er blickte kurz auf und sah Claudia, die sich soeben näherte. Erfreut lief Daniel dem Mädchen entgegen und nahm sie in die Arme.

„Ja hallo, was ist denn los?"

Eine derartige Umarmung war Claudia vom Freund nicht gewöhnt, das war nicht alltäglich.

In wenigen Worten umriss der Junge die unglücklichen Umstände, die ihn, ohne dass er es wollte, wieder hierher geführt hatten.

„So ein Pech! Und, was machen wir jetzt?"

Claudia strich dem Jungen sanft über die rechte Wange und sah ihm fragend in die Augen.

„Weiß nicht! Oh ja!"

Daniel hatte eine ganz spontane Idee.

„Was hältst du davon, wenn wir die paar Hundert Meter hinauf Richtung Cobenzl laufen. Da gibt es doch eine Pension mit einem hübschen Garten, du weißt schon, mit dem schönen Blick über die Stadt. Dort könnten wir etwas trinken und quatschen. Oder willst du zu der Party, wo wir – so wie es aussieht – niemanden kennen?"

Daniel wies in Richtung Sylvias Anwesen, wo die Nachbarschaft lärmend trank und die Stereoanlage auf Höchstlautstärke plärrte."

„Na ja, wenn du meinst?"

Claudia war skeptisch. Vielleicht brauchte Sylvia ja Hilfe.

„Was ist mit unseren Leuten? Ist da jemand gekommen?"

„Keine Ahnung, Claudia. Ich habe jedenfalls niemanden bemerkt."

„Ich habe es ihr ja gesagt! Heute geht niemand irgendwohin, wo es keinen Fernseher gibt."

Claudia machte eine hoffnungslose Geste und blickte suchend um sich.

Niemand Bekannter war zu sehen.

„Wirst sehen, Claudia. Nach der Pause gehen alle Leute wieder heim. Also, was ist? Gehen wir?"

„Na gut."

Claudia seufzte und gab sich geschlagen.

Gemeinsam marschierten die beiden auf dem schmalen verschmutzten und von der vielen feuchten Erde noch immer rutschigen Betonweg durch die Weingärten hinauf Richtung „Himmel".

Es wurde stockdunkel und still; die Sterne funkelten. Binnen weniger Minuten hatten sie die Lichter und den Lärm der Stadt hinter sich gelassen. Der Abend war warm und windstill.

Schweigend gingen sie durch die so geschundene Natur, stolperten da und dort über einen abgebrochenen Ast, erreichten jedoch binnen kürzester Frist die kleine Pension, deren Fenstern ein mildes Licht entströmte. Sie stiegen die Treppe hinauf zu einer schmalen, von einer dichten Laube geschützten Terrasse, auf der einige wenige weiße Tische und Sesseln standen. Auf jedem der Tische stand ein gläsernes buntes Windlicht, dessen Schein ein ganz besonderes Flair ausstrahlte.

Ganz hinten saß ein junges Touristenpärchen, das Händchen haltend und sichtlich verliebt über die Lichter der Stadt blickte, weiter vorne ein einsamer Wanderer, der sich dort zur Labung niedergelassen hatte.

Claudia und Daniel ließen sich an jenem Tisch nieder, der die hübscheste Aussicht bot.

Unverzüglich erschien eine ältere, recht vornehme Dame, offenbar die Chefin des Hauses selbst, und begrüßte die beiden höflich.

„Was darf's denn sein?"

Daniel überprüfte verstohlen den Inhalt seiner Geldtasche; er wusste aus Erfahrung, dass dieses Etablissement in dieser Lage nicht zu den allergünstigsten zählte.

„Eine Flasche Weißwein bitte."

„Gerne ... mit zwei Gläsern?"

„Bitte."

Daniel lehnte sich zurück und zwinkerte Claudia zu.

„Ist das hier nicht recht teuer?"

Das brünette Mädchen schien ein wenig verstört. Unsicher tippte sie dem Jungen auf die Rechte und wies auf dessen verschmutze Kleidung. Der Lehm war zwar durch die Wärme des Tages abgetrocknet und zum Teil als hellbrauner Staub abgefallen, doch waren die Spuren noch deutlich zu erkennen.

„Na ja, ganz billig ist es wirklich nicht; dafür ist es wunderschön. Und wegen meiner Kleidung, da musst du dir keine

Sorgen machen. Heute haben hier wahrscheinlich die meisten Menschen so und noch viel schlimmer ausgesehen. Außerdem ist es ja dunkel."

„Hast recht."

Die Brünette gab sich beruhigt und lehnte sich auch entspannt auf ihrem Sessel zurück.

Der Wein und die Gläser wurden serviert. Gekonnt kostete Daniel vor und nickte zustimmend. Freundlich lächelnd zog sich die ältere Dame zurück und überließ die auf der Terrasse sitzenden Gäste ihrem Schicksal.

„Prost!"

Claudia und Daniel stießen mit ihren Gläsern an; es klang hell und fröhlich.

Schweigend blickten die beiden auf das Lichtermeer der Stadt hinunter, erkannten weit im Osten den Donauturm und das Riesenrad im Prater und in der Mitte, schwach beleuchtet, reckte sich der Stephansturm wie ein großer Stachel gegen den Himmel.

Ganz vorne, unterhalb des Abhanges, an der Grenze zu den Weingärten erspähten sie Sylvias Fackeln, die trotz der herrschenden Windstille unruhig flackerten.

„Was, ihr wollt schon gehen?"

Sylvia war verblüfft. Genauso schnell, wie die Meute der Nachbarn erschienen war, war sie auch schon wieder verschwunden. Jeder der Gäste stopfte sich noch rasch ein Brot in den Mund und strebte sodann eilig wieder den umliegenden Wohnstätten zu.

Der Lärmpegel, der aus den Häusern drang, stieg.

„Idioten ..."

Kopfschüttelnd ging das Mädchen ins Haus, drehte die in der Zwischenzeit abgespielte Schallplatte um, schaltete die Musikanlage etwas leiser und holte sich ein weiteres Glas Wein.

„Lady Oh ..." Sylvia zuckte zusammen. Das war doch Daniels Lieblingssong.

Nachdenklich kehrte sie in den Garten zurück und kam sich vereinsamt vor.

Die Meute war weg und die eingeladenen Freunde waren bislang nicht erschienen.

„So eine Scheiße.“

Missmutig setzte sie sich auf die Treppe, die zur Haustüre hinaufführte, und starrte böse auf das flackernde Feuer der Fackeln.

„Wenn wenigstens Daniel oder Claudia hier wären … aber die habe ich heute wahrscheinlich restlos verscheucht … und auch Robert hat durch Abwesenheit geglänzt. Verdammt!“

„Wisst ihr eigentlich, wo der Daniel ist?“

Verwundert blickte Gustl in die Runde seiner Kumpanen, die im Stammcafé das große Fernsehgerät belagerten.

Kopfschütteln.

„Hoffentlich ist ihm nichts geschehen; das passt nicht zu ihm.“

Allgemeines Achselzucken; das Match war derzeit das Wichtigste auf der Welt, alles andere war zweitrangig.

Die Luft war zum Schneiden dick.

Mühsam, verschwitzt bahnte sich der Kellner den Weg durch die Sitzenden, Stehenden, brachte eine neue Getränkeladung. Imbisse gab es längst keine mehr, was derzeit auch niemanden so richtig störte. Hungrig war wirklich keiner; die allgemeine Anspannung war einfach zu groß.

Hochrot vor Aufregung und Alkohol waren die Gesichter. Immer wieder flogen die Fäuste in die Höhe und senkten sich erneut voller Enttäuschung. Wieder ging ein resignierendes Raunen durch die Menge. Der Ball wollte einfach nicht ins Netz.

„Foul, Foul, Elfmeter!!!“

Alle riss es von ihren Sitzen, da deutete der Unparteiische auch schon auf den Elfmeterpunkt.

Es wurde totenstill. Manche Leute verbargen ihr Gesicht in den Händen, manche schauten zu Boden; wenige hatten den Mut, auf die Mattscheibe zu starren.

Hans Krankl, der Torschütze, der Held der Nation, lief an: Tor! Der Tumult war grenzenlos …

Alle, ob Alt oder Jung, lagen sich in den Armen; Gläser, Flaschen flogen durch den Fernsehraum, was zu diesem Zeitpunkt nicht einmal den gestrengen Kellner störte; der allgemeine Jubel kannte einfach keine Grenzen.

Aufgeregt erschien die Chefin des Hauses auf der Terrasse ihrer Pension. Sie strahlte.

„1 : 0"

Jubelnd streckte Daniel die Hände in die Höhe.

Mit dem Ausdruck höchster Zufriedenheit wandte sie sich Claudia und Daniel zu, die in der Zwischenzeit genussvoll die Flasche geleert hatten, nahm diese an sich und verkündete freundlich, dass eine weitere auf Kosten des Hauses ginge.

Überrascht sahen die beiden einander an, nickten dankbar und erfreut.

Im Nu wurde die neue Flasche gebracht und frische Weißweingläser auf den Tisch gestellt.

Hellgelb schimmerte der Grüne Veltliner im Glas.

„Sag mal, was ist denn nun mit der Sylvia?"

Claudia schluckte, rieb sich die Nase und sah den Freund fragend an. Sie musste nun einfach reden.

„Was soll schon sein? Das wird nichts mehr …"

„Aber du bist doch schon seit Ewigkeiten hoffnungslos in sie verliebt."

„Ja und, was nützt das alles? Du hast doch mitbekommen, wie sie sich heute benommen hat? Außerdem hat sie mir vor einigen Wochen einen Brief geschrieben. Sie schreibt unter anderem, dass sie den Kontakt zu mir nicht mehr will."

„Davon habe ich keine Ahnung, aber du kennst sie doch! Du weißt doch, wie spontan sie spinnt."

„Claudia, was willst du eigentlich?"

„Ganz einfach, ich will, dass alle um mich herum glücklich und zufrieden sind."

„Und wie soll das gehen? Bist du denn glücklich?"

„Das ist hier nicht die Frage."

Claudia zuckte ein wenig zusammen und entfernte ein kleines Käferchen vom Tisch. Tatsächlich hatte sie erst kürzlich einen Jungen kennengelernt, bei dem sie erstmals in ihrem jungen Leben das Gefühl hatte, es könnte etwas Ernsteres daraus werden. Bislang hatte sie das Schicksal unentwegt gebeutelt. Jung war die Mutter verstorben und hatte ihren Vater, ihren jüngeren Bruder und sie alleine zurückgelassen. Da war keine Zeit für

Romanzen geblieben. Statt jugendlichem Leichtsinn und Liebeleien waren immer nur praktisches Denken und Handeln gefragt. Mit Hormon gesteuerten Jungen hatte sie nichts anfangen können. Da war ihr die Freundschaft mit Daniel, der ihr gegenüber keine romantischen Absichten hegte, ganz recht gekommen.

Doch irgendwie schien sich nun das Blatt zu wenden.

Claudia seufzte leise.

Beide schwiegen.

Nachdenklich hob Daniel sein Glas und drehte es in seiner Rechten hin und her.

Warum es ihm wohl so schwerfiel, mit Claudia über ihrer beider Freundin und ganz allgemein über Mädchen zu sprechen?

Die Brünette war für ihn seit jeher tabu gewesen – warum auch immer; er hatte sich körperlich nie für sie interessiert. Sie hatte sich ihm gegenüber immer als guter Kumpel präsentiert, nie über Burschen gesprochen, hatte sexuell eher uninteressiert gewirkt. „Gib der Sylvia noch eine Chance!"

Claudia gab sich einen Ruck und nahm Daniels Rechte.

„Vielleicht gelingt es dir doch, dass sie endlich über den Robert hinwegkommt."

„Das ist leider unmöglich!"

Daniel lachte grimmig.

„Woher willst du das wissen?"

Claudia ließ Daniels Hand los; sie straffte sich und beugte sich interessiert vor.

„Da gehört wohl nicht viel Wissen dazu. Obwohl er ihr das Herz gebrochen hat, liebt ihn Sylvia immer noch abgöttisch. Ich kann da einfach in keiner Weise mithalten."

„Und du meinst, das sind die einzigen Gründe?"

„Ja, das reicht ja wohl! Oder weißt du andere?"

Die Brünette schwieg.

Also wusste offenbar auch Daniel nichts von der Eskapade der Freundin, was möglicherweise auch ganz gut war.

Oder auch nicht …

Vielleicht wäre es besser, dem Jungen reinen Wein einzuschenken.

Claudia wandte sich von Daniel ab und blickte auf die Stadt hinunter.

Nervös und unschlüssig trommelte sie mit ihren Fingern leise auf die Tischplatte.

Der junge Mann spürte die Unsicherheit des Mädchens, konnte sie aber nicht zuordnen.

Nachdenklich strich sich Daniel über seine Stirn, nahm die Weinflasche in die Hand und verteilte den Rest des Inhalts gerecht auf die beiden Gläser.

„Wir sollten vielleicht dann doch zu Sylvia hinunter gehen."

„Nicht wir, du solltest!"

Erneut ergriff Claudia Daniels Rechte, drückte sie, nahm ihr Glas und trank die Neige aus.

Verwundert über die Eile tat Daniel das Gleiche, erhob sich, betrat das Lokal, wo die ältere Dame gebannt vor einem Bildschirm stand, und beglich die Rechnung.

Höflich dankte er für die liebenswürdige Spende des Hauses und lief zu Claudia zurück.

Einträchtig marschierten sie den Bergrücken hinunter.

Je näher sie Sylvias Garten kamen, desto heftiger pochte Daniels Herz, nur die wohlbekannte und unangenehme Übelkeit stellte sich diesmal nicht ein. Die paar Gläser Wein, aber auch die angenehme Zeit oben auf der Höhe und sicher auch Claudias Wesen, das er so zu schätzen gelernt hatte, hatten in Daniels Innerstem eine durchaus positive Stimmungslage erzeugt.

Noch schneller pochte sein Herz, als ihm Claudia bei der Gartentüre sanft übers Haar strich und flotten Schritts weitertrabte: „Machs gut, ich kann und möchte wirklich nicht bleiben. Für mich ist es einfach zu spät. Ich bin eben keine Studentin und muss deshalb morgen früh rechtzeitig zur Arbeit in meiner Bankfiliale sein."

Wortlos blieb Daniel stehen und blickte der Davoneilenden nach.

Er wandte sich nach links und betrat zögernd den Garten. Er blickte sich um. Es war recht dunkel geworden. Zwei der vier Fackeln hatten bereits nahezu ihren Geist aufgegeben. Sie flackerten nur mehr schwach, rußten jedoch umso mehr, und die beiden anderen waren auch schon fast abgebrannt.

Daniels Blicke suchten den Garten ab. Ruhig war es; der Krach in den umliegenden Häusern hatte sich gelegt und wohltuendes Schweigen lag über der ganzen Gegend.

Da blieb sein Blick bei der kurzen Treppe hängen, die in das Haus hinaufführte. Dort saß tatsächlich Sylvia, vornübergebeugt, und sie hatte den Kopf in ihren Händen vergraben.

Daniel meinte ein leises Schluchzen zu vernehmen. Vorsichtig trat er näher. Langsam hob Sylvia ihren Kopf und sah ihn mit verweinten Augen an. Sie zitterte ein wenig; die Nacht hier draußen war kühl geworden.

„Was machst du denn da? Ist euer doofes Match endlich vorbei? Ihr seid lauter hirnlose Idioten!"

Das Mädchen erhob sich, drehte sich abrupt um und ging in den Hausflur hinein.

Daniel folgte ihr und trat ihr forsch gegenüber.

„Wenn es dich tröstet – ich habe das Spiel gar nicht gesehen."

„Ha, das soll ich dir glauben?"

„Ist aber so …"

Daniel musste lächeln.

„Lach nicht! Die ganze Party ist ein Trauerspiel. Aber es kann ja wohl nur ich so blöd und stur sein. Magst du etwas essen? Es gibt wahrlich noch genug!"

Sylvia wies auf die vielen mit allem Möglichen bestrichenen und mit Paprikastückchen garnierten Brote, die offensichtlich dem spontanen Heißhunger der „Pausenesser" getrotzt hatten.

„Ja, warum nicht?"

Daniel nahm wahllos ein Brot und biss hinein.

„Nicht schlecht."

„Nicht zu glauben, was ich alles zusammengebracht habe."

Sylvias Gesicht verzog sich zu einem schelmischen Lächeln, was ihre Mimik noch reizvoller machte. Ihre blauen Augen blitzten.

„Übrigens … entschuldige bitte …"

Sylvia strich Daniel über die rechte Lende, suchte behutsam den Kontakt zu seinem Körper und blickte zu ihm auf. Der Duft ihrer Haare und ihres Parfums stieg hoch und umhüllte den Jungen sanft und betörend.

„Ich habe mich wohl unmöglich benommen …"

„Na ja …"

Daniel zögerte, die Schmetterlinge in seinem Bauch waren erwacht; er wollte nun nichts mehr falsch machen.

„Es war ja heute auch so ziemlich alles chaotisch."

„Danke übrigens; war lieb, dass du heute am Vormittag gekommen bist und geholfen hast, dass du überhaupt da warst. Das rechne ich dir hoch an.

Nimm dir noch ein Brot und gehen wir hinein, etwas trinken, wenn du magst."

Leise, tief, etwas rau, aber ungeheuer sexy klang ihre Stimme.

Daniel nickte und nahm noch ein Brot.

Das dunkelblonde Mädchen schloss die Eingangstüre hinter sich und schob Daniel ins Wohnzimmer hinein.

Im Vorbeigehen nahm Sylvia wieder den Plattenspieler in Betrieb, setzte behutsam die Nadel auf und nahm Weinflasche und Gläser in die Hände.

„Oh super! Simon und Garfunkel – Greatest Hits ..."

Begeistert ließ sich Daniel auf ein mit Kissen ausgestattetes Sofa fallen, das an der hinteren Wand des Zimmers stand.

Sylvia schenkte ein. Die beiden prosteten einander zu, schenkten immer wieder nach.

„So – und jetzt erzähl mal, was so auf der großen weiten Welt los ist. Ich war ja den ganzen Tag hier und habe wirklich wenig Überblick."

Daniel erzählte; berichtete von den Schäden des Unwetters, vom Verkehrschaos, von all dem Rummel und Trubel. Die Sache mit dem fehlenden Schlüsselbund verschwieg er allerdings. Sylvia sollte ja nicht glauben, dass er vordringlich deswegen ein zweites Mal den weiten und mühsamen Weg hierher genommen hatte.

„Bridge over troubled water ..."

Sylvia rückte ein Stück näher zu Daniel, so nahe, dass sich ihre Oberkörper und Oberschenkel berührten. Sie schloss ihre Augen und näherte ihre Lippen den seinen.

„Warte, Sylvia ..."

Schon spürte der Junge den heißen Atem des bezaubernden Geschöpfes, distanzierte sich aber trotzdem um einige wenige Zentimeter.

„Der Brief – was ist mit dem Brief? Warum hast du mir den geschrieben?"

Sylvia öffnete ihre Augen und ihre Lippen bebten.

„Weil ich vielleicht betrunken und verwirrt war, als ich ihn geschrieben hatte."

„Das ist aber keine ausreichende Erklärung, Sylvia. Du hättest dich ja später bei mir rühren und die ganze Sache aufklären können. Kein Mensch wäre dir deswegen böse gewesen. Und ich hätte mir möglicherweise viele schlimme Gedanken und so manche schlaflose Nacht erspart."

Das hübsche Mädchen nickte, schwieg und biss sich auf die Unterlippe.

„Ja, hätte ich können …"

Betreten senkte sie ihren Kopf.

Schon tat es Daniel leid, dieses Thema angesprochen zu haben, da drehte ihm Sylvia kurz den Rücken zu, ließ sich zur Seite fallen und legte ihren Kopf in seinen Schoß.

Sie umfasste den Jungen und zog ihn zu sich hinunter.

„Können wir es für heute vielleicht dabei belassen? Bitte …"
Ganz leise flüsterte Sylvia.

Wieder schloss sie die Augen und näherte erneut ihre Lippen seinem Mund. Nur konnte er sich nun nicht mehr wehren, zu fest, zu fordernd war ihr Griff.

„Scarborough Fair …"

In diesem Augenblick war es um Daniels Beherrschung endgültig geschehen.

Er riss dem Mädchen das entzückende Sommerkleid vom Leib und zog ihr den blendendweißen Slip aus. Bis auf die kurzen Stiefel nackt lag sie vor ihm, das erste Mal …

Schwer atmete sie; der Junge begann ihren ganzen Körper, ihre samtig weiche duftende Haut, ihre wohlgeformten Brüste zu küssen. Sie jauchzte vor Vergnügen und Lust, bettelte um weitere Küsse, spreizte ihre Beine, hob ihre zarten Hüften und presste zuckend ihren Unterleib gegen seinen Mund. Völlig außer sich küsste, liebkoste er ihn; das Mädchen schrie, bettelte um weiteres Lustgefühl. Sie schrie vor Begeisterung, schüttelte ihren Kopf; wild flogen ihre Haare …

Sylvias Zuckungen wurden langsamer, seltener. Sie strich dem Jungen übers Haar und legte seinen Kopf zärtlich auf ihre

Brust. Ihre Atmung beruhigte sich. Sie nahm ein großes Kissen und bedeckte ihre feuchte Blöße.

Rasch löste sich Sylvias Griff; binnen Sekunden war sie eingeschlafen.

Daniel brauchte lange, bis er sich halbwegs beruhigte und zurechtfand. Letztlich fand er sich jedoch in einer Realität wieder, die ihn zutiefst verwirrte, fand sich halb bekleidet auf dem Sofa sitzend vor, das Mädchen tief schlafend auf seinem Schoß.

Sylvias Kopf ruhte auf seinem Unterleib, dessen Spannung sich nicht lösen wollte.

Trotzdem wagte er es nicht, sich zu bewegen.

So saß er einfach schweigend da und blickte sich ratlos im Zimmer um, das durch den matten Schein einer Stehlampe insoweit erhellt wurde, dass die Ziffern der Uhr, die an der gegenüberliegenden Wand befestigt war, deutlich erkennbar waren.

Halb vier …

Der Plattenspieler knackte leise; ein Fehler in der Platte ließ den Tonabnehmer nicht in die Ruhelage zurückkehren.

Behutsam setzte sich Daniel auf. Das Geräusch nervte ihn. Behutsam nahm er Sylvias Kopf, hob ihn ein wenig und rückte selbst zur Seite. Das Mädchen murmelte etwas Unverständliches. Der Junge nahm ein weiteres Kissen und legte Sylvias Oberkörper zärtlich darauf. Mühsam und verspannt erhob er sich, blickte sich suchend um und entdeckte auf einer Ablage eine Sommerdecke. Er nahm sie an sich, entwand dem tief schlafenden Mädchen das Kissen, mit dem sie ihre Blöße bedeckt hatte, warf einen verstohlen-sehnsüchtigen Blick auf ihre so anziehende, so reizvolle Weiblichkeit und deckte sie vorsichtig zu.

Sylvia seufzte ein wenig und drehte sich zur Seite. Daniel trat zum Plattenspieler, hob den Tonabnehmer ab und brachte ihn in Ruhestellung.

Sofort hörte das Knacken auf; Stille; nur die Uhr tickte leise.

Der Junge nahm seine noch immer verschmutzte Hose, zog sie an, konnte jedoch den Zippverschluss nicht schließen. Seine immer noch vorhandene heftige Erregung machte dies unmöglich.

Er öffnete die Türe und stieg die Treppen hinab in den Garten. Alle Fackeln waren erloschen. Ein heller Streifen im Osten und das schwächer werdende Blinken der Sterne verkündeten das Erwachen eines neuen Tages.

Noch einmal stieg Daniel die Treppen hinauf. Noch einmal ging er ins Wohnzimmer, trat zu dem schlafenden Mädchen, küsste sie sanft auf die Stirn, löschte das Licht und verließ wieder das Haus. Er schloss die Türe hinter sich. In der Krone eines Baumes ließ ein Amselmännchen sein erstes Lied ertönen. Langsam erwachte die Natur.

Daniels Erregung schwand. Ernüchtert, enttäuscht, gleichzeitig jedoch auch irgendwie glücklich brachte er seine Kleidung in Ordnung, vermochte letztendlich auch den Zippverschluss seines Hosentores zu schließen, verließ den Garten und strebte seinem Auto zu.

Er setzte sich hinein und presste seinen Kopf gegen die Nackenstützen. Er versuchte seine widersprüchlichen Gedanken und Gefühle zu ordnen; ohne Erfolg. Sein Kopf schmerzte, die Augen brannten, er war müde, fühlte sich leer und ausgebrannt.

Glück, was bedeutet Glück …

Daniel versuchte die Augen zu schließen. Das Licht des so strahlend erwachten Morgens ließ es nicht zu. Immer wieder schreckte er auf, sah das wunderbare Mädchen vor sich, versuchte das Erlebte zu begreifen, einzuordnen. Stereotyp wiederholten sich in seiner Fantasie „Lady of the dawn, lady of the dawn …" und „Lady Oh" immer wieder.

Erneut schreckte der Junge auf, blinzelte und blickte auf seine Armbanduhr. ½ 8 …

Offenbar hatte er ein wenig geschlafen.

Es war lauter geworden. Daniel hörte Autos starten, wegfahren, er vernahm das immer kraftvoller werdende Murmeln der Großstadt.

Daniel streckte sich und griff sich an den Kopf, der immer noch schmerzte.

Menschen gingen an seinem Auto vorbei, blickten kurz hinein, gingen weiter.

Bewegung; alles in Bewegung.

Und wieder tauchte vor seinem geistigen Auge der Brief auf; Zeilen, die wahrscheinlich immer zwischen ihnen beiden stehen würden.

Wieder einmal saß Daniel in einer kleinen Gaststätte, einem uralten Weinhaus, nur wenige Gehminuten von seiner Wohnstätte entfernt. Erst kürzlich hatte man dieses günstige, jedoch recht gemütliche Lokal entdeckt und seitdem recht häufig besucht.

Manchmal traf sich dort der Freundeskreis, manchmal saß Daniel auch ganz alleine dort und sinnierte vor sich hin.

Der Sommer war längst vergangen, ein unnötiger Sommer.

Und auch die Fußballweltmeisterschaft war längst Geschichte.

Die Beziehung des Jungen zu Sylvia hatte sich nicht zum Positiven hin verändert.

Seit dem denkwürdigen Ereignis im Frühsommer hatte sich nichts mehr ereignet. Völlig überraschend hatte sich das Mädchen dazu entschlossen, mit einigen Studienkollegen nach Spanien auf Urlaub zu fahren.

Daniels Stimmungen schwankten daraufhin zwischen Eifersucht, Egalität und Sinnkrise, die sich anlässlich der häufigen Gasthausbesuche verstärkten und letztlich zu völliger Passivität führten.

Er dämpfte seine Zigarette aus und stierte auf ein Täfelchen, das an der gegenüberliegenden Wand des Lokals montiert war.

„… wenn du glaubst, es geht nicht mehr, kommt von irgendwo ein Lichtlein her …"

In antiquierter, altdeutscher Schrift stand der Vers auf der vergilbten Tafel.

„Und … wo ist mein Lichtlein?"

Daniel raufte sich die Haare und bestellte ein weiters Glas Wein, das weiß Gott wievielte dieses Abends.

Erst kürzlich hatte er sich aufgerafft und Sylvia anlässlich ihres Geburtstags zu sich eingeladen. Er hatte groß aufgekocht, eine sündhaft teure Flasche Wein, ebenso teuren Whisky und das ebenfalls keineswegs günstige Lieblingsparfum des Mädchens als Geschenk besorgt.

Zuvor hatte man sich wieder einmal einige Wochen lang nicht gesehen.

Tatsächlich war das Mädchen erschienen, hatte voller Begeisterung von ihren Urlaubstagen erzählt, hatte Daniels kulinarische Kreationen, den köstlichen Rotwein und auch das Geschenk wohlwollend angenommen, sich jedoch recht bald mit der Absicht, sich in Hinkunft nur auf ihr Studium konzentrieren zu wollen, verabschiedet.

Die Enttäuschung des Jungen war gewaltig und die Whiskyflasche bald geleert. Daniel vertrug keine harten Getränke und das Leiden der nächsten beiden Tage war demnach groß.

Eilig trank der Junge sein Glas aus, warf noch einmal einen kurzen Blick auf das Täfelchen, wankte nach Hause und ließ sich auf sein Bett fallen. Alles begann sich zu drehen; schreckliche Übelkeit kam auf.

Und mit einem Schlag war Daniels Entschluss gefallen: in Hinkunft kein Tropfen Alkohol mehr.

⤙⤚

Noch immer verärgert über Roberts betrunkenes Geständnis trat Daniel heftiger auf das Gaspedal.

Zwar schätzte er seit jeher dessen Freundschaft, mit seinen Weibergeschichten und seiner Sprunghaftigkeit konnte er jedoch nicht. Immer wieder trat er in eine offenbar ernsthafte Beziehung ein, flüchtete jedoch nach mehr oder weniger kurzer Zeit und ließ die betreffenden Mädels mit gebrochenem Herzen zurück, wie es ja auch in Zusammenhang mit Sylvia so geschehen war.

Die Freunde hatten ja wirklich nicht ganz unrecht, dass sie deren Verhalten missbilligten. Und auch er, Daniel, hatte vermehrt Zweifel. Einmal warf sie sich ihm hemmungslos an den Hals, ein anderes Mal beschimpfte sie ihn wieder. Daniel hatte einen langen Geduldsfaden, doch auch dieser schien mit der Zeit an der Grenze seiner Belastbarkeit angekommen zu sein.

Nein, Sylvia war nicht glücklich und vielleicht war auch er daran nicht unbeteiligt. Daniel war, ähnlich wie Claudia, ein Mensch, der nur dann selbst glücklich war, wenn es den Menschen, mit denen er sich verbunden fühlte, gut ging.

Und das war einfach nicht der Fall.

Erst kürzlich, im Mai, hatte sich Sylvia, völlig betrunken, ohne dass er es darauf abgesehen hätte, vor ihm splitternackt ausgezogen, hatte daraufhin eine wenig erbauliche Nacht bei ihm verbracht, und er hatte sie zur Rede gestellt, ihr mitgeteilt, dass es so nicht mehr weitergehen könne, sie so wie er selbst mit der elenden Sauferei aufhören solle und dass der ganze Freundeskreis sein widersprüchliches Verhältnis zu ihr missbilligen würde.

„Wer sollte um Himmels willen etwas dagegen haben, dass du mit mir schläfst, wenn sich die Gelegenheit ergibt?" und „Ich fühle mich von dir abhängig. Und das will ich nicht." und das Allerschlimmste „Du verdienst etwas weit Besseres als mich".

Viel mehr war ihr nicht zu entlocken.

Diese Nacht war wahrlich schrecklich gewesen. Dabei hatte der ganze Tag so schön begonnen: Man war gemeinsam schwimmen, das erste Mal in diesem Jahr. Daniel hatte tatsächlich das Gefühl, dass sie beide nunmehr auf dem richtigen Weg wären. Sylvia schien seine nunmehr schmucke Erscheinung zu schätzen und seinen konsequenten Weg ehrlich zu bewundern. Sie neckten einander, scherzten, küssten sich, lagen gemeinsam auf einem Badetuch, spielten Schach im Grünen, lachten und so etwas wie zartes Glücksgefühl hatte sich breitgemacht. Am späteren Nachmittag hatte sich Sylvia dann allerdings zum Buffet begeben und war mit Hochprozentigem zurückgekehrt, was zu Beginn nicht weiter schlimm war. Im weiteren Verlauf jedoch nahm der Alkoholkonsum des Mädchens rapide zu; Daniels Abscheu stieg; er wusste um die Stimmungsschwankung, die kommen musste.

Sie kam machtvoll und alles, was danach gekommen war, war zum Vergessen. Schwankend, geil, lüstern war ihr Strip gewesen. Problemlos hätte der junge Mann die Situation nützen können. Der Abscheu vor der Betrunkenen war jedoch stärker und ließ die Schmetterlinge im Tiefschlaf verharren. Und Daniel hatte aus seiner Erfahrung heraus Panik davor, welch katastrophale Auswirkungen sich im Fall der Fälle am nächsten Tag, am Tag des Katzenjammers, im Zuge der morgendlichen Ernüchterung wieder auftun könnten. So hatte es Daniel dabei belassen, das Mädchen schlafen zu legen und morgens heimzubringen. Mit Händen und Füßen hatte sich Sylvia jedoch gewehrt; sie wollte unter keinen Umständen nach Hause. Sie forderte einen morgendlichen Trunk. Daniel hatte sich breitschlagen lassen und hatte mit ihr jenes Café heimgesucht, in dem er am Tag des großen Unwetters im Jahr zuvor eingekehrt war und das er auch weiterhin manchmal frequentiert hatte. Glücklicherweise hatte Trixi Dienst.

„Hi Daniel! Du hast dich aber verändert … wer ist denn das?"

Stirnrunzelnd musterte Trixi das Paar, musterte das hübsche dunkelblonde Mädchen, deren Ausschweifungen jedoch für jeden schon sichtbar und augenscheinlich waren.

„Meine Freundin …"

Daniel wurde rot im Gesicht und machte eine entschuldigende Geste.

„… hat gestern ein wenig zu viel erwischt …"

„Na ja – kann vorkommen."

Trixi lächelte wissend.

„Und … was wollt ihr?"

„Ein Achtel Weißwein für die Lady und einen großen Braunen für mich."

„Aha – spannend – kommt eher selten vor, dass die Dame einen Frühschoppen zu sich nimmt."

Trixis Lächeln wurde eine Spur breiter.

„Schon gut …"

Daniel machte eine abwehrende, eine unwillig genervte Handbewegung.

Trixi verstand und ging hinter die Theke.

Unangenehme Minuten vergingen.

Im Nu hatte Sylvia ihr Glas geleert und peinliches Schweigen kam auf.

Trixi stand hinter dem Tresen und beobachtete sichtlich amüsiert das Geschehen.

Auch Daniel trank seinen Kaffee rasch aus. Nervös erhob er sich, ging zur Bar, zahlte verstimmt und ging aufs Klosett.

Als er nach kurzer Zeit wiederkehrte, fand er Sylvia und Trixi hellauf lachend vor.

Mit seinem Erscheinen erstarb das Lachen.

„Was habe ich verpasst?"

Daniel machte gute Miene zum bösen Spiel, nahm Sylvia bei der Hand und wollte sie hinaus zum Auto geleiten.

„He – ich will aber noch bleiben. Das Mädel ist super …"

„Nein – wir gehen!"

Daniel hatte die Nase voll. Weitere unangenehme Auftritte musste er nun wirklich nicht mehr haben.

„Idiot."

Böse sah ihn Sylvia an, gab jedoch achselzuckend nach und nahm seine Hand.

„Seit der nichts mehr trinkt, ist der Mann konsequent unausstehlich! Tschüss! Ich komme wieder."

Trixi grinste amüsiert; Daniel zuckte mit den Schultern. So konnte es wahrlich nicht weitergehen. Mit der Zeit realisierte er die Ablehnung seines Freundeskreises; schaltete geistig nicht mehr sofort auf Abwehr, wenn das Gespräch auf Sylvias Benehmen kam.

Er räusperte sich, sperrte die Autotüren auf, ließ Sylvia einsteigen und fuhr das Mädchen nach Hause.

„Scheißkübel … ich habe ihn immer gehasst …"

Mühsam gelang es Sylvia, ihre Wohnungstüre zu öffnen. Sie betrat den Flur und warf die Türe hinter sich zu, Daniel direkt auf die Nase. Mit einem Schmerzensschrei sprang Daniel zurück, befühlte sein Riechorgan und stampfte wütend auf.

„So eine blöde Zicke …"

Der junge Mann drehte sich um und verließ schnaubend die Hausanlage.

Verstimmt drehte er ein paar Runden um den Häuserblock. Nachdem die Schmerzen an seiner Nase nachgelassen und sein Gemüt einigermaßen abgekühlt war, setzte er sich auf einen Betonsockel, der eine Gartenanlage vom Gehweg trennte, und fuhr sich unschlüssig durch sein Haupthaar. Wie war es doch früher, im Vorjahr, gewesen. Beide hatten sie kräftig dem Alkohol zugesprochen, hatten gar nicht gemerkt, wie dumm, wie unreif, wie kindisch sie sich oftmals aufgeführt hatten. Jetzt ging ihm die ganze Sache nur mehr auf die Nerven. Es war für ihn schwer erträglich geworden, die Betrunkene, Zugedröhnte, Wesensveränderte auszuhalten.

War es wirklich eine Veränderung ihres Wesens oder hatte er es in früheren Zeiten nur nicht bemerkt?

Jedenfalls musste er die ganze unangenehme Angelegenheit wegschieben, einfach ausblenden, andere Aktivitäten setzen, die Sache vorderhand einmal auf sich beruhen lassen; auch wenn es für seine Begriffe ein wenig oberflächlich klang.

Er musste einfach nach einem wohlgemeinten Ratschlag seines Vaters handeln: Viele Probleme lösen sich irgendwann einmal von selbst ...

Am selben Tag am Abend hatte Sylvia dann noch angerufen, hatte sich quasi entschuldigt, hatte nochmals betont, dass sie sich ungewollt von ihm abhängig fühle, hatte um erneute Bedenkzeit gebeten, was Daniel in dieser Phase durchaus gar nicht so unrecht gewesen war.

Veränderung ...

Aus diesem Grund war ihm das, was er auf der Party bei Monika und Robert erfahren hatte, gerade recht gekommen. In Gedanken versunken, immer das widerwärtige Bild des flotten Vierers vor Augen, der etliche der Verhaltensmuster des Vorjahres erklären könnte, fuhr Daniel heim.

Rasend schnell war der Tag vergangen.

Der Junge stellte seinen Wagen ab, stieg aus, winkte den Betreibern der Wurstbude, die er nunmehr schon seit einem guten halben Jahr nicht mehr frequentiert hatte, zu, grüßte flüchtig die übliche Belegschaft, die wie immer trinkend, essend und quatschend herumstand, und ging nach Hause. Im Lift zog er das ominöse Zettelchen mit der unbekannten Telefonnummer und dem Buchstaben S hervor, betrachtete es nochmals eingehend und hoffte auf Erleuchtung.

Diese kam, als er den Schlüssel ins Schloss schob.

„Sabine ..."

Wie war das Mädchen dazu gekommen, ihm unbemerkt den Zettel zuzustecken? Oder war es gar Monika, die begabte Kupplerin gewesen, die auf diese Weise aktiv geworden war?

Daniel war unschlüssig.

Er betrat sein Zimmer, sah flüchtig auf einen handgeschriebenen Zettel der Eltern, die oftmals mehrere Tage hintereinander in ihrem Wochenendhaus im Gebirge zu weilen pflegten und ihm auf diese Weise gewisse zu tätigende Erledigungen nahebrachten.

„Immer der gleiche Mist …"

Daniel kannte dieses System schon geraume Zeit; keines der Dinge, die da zu tun wären, hatte wirklich besondere Eile.

Er ergriff sein Tenorsaxofon, reinigte es, setzte ein neues Rohrblatt in das Mundstück ein, blickte auf die Uhr, erschrak ein wenig ob der doch schon späten Stunde, legte das Instrument zur Seite und schloss sorgsam das Fenster.

Leise, in Zimmerlautstärke blies er Gershwins „Summertime" und Louis Armstrongs unvergängliches „What a wonderful world".

Nach dem letzten Ton setzte er das Saxofon ab und stellte es in den dafür vorgesehenen Ständer ab. Einmal noch strich er fast zärtlich über das goldglänzende Metall und lehnte sich in seinem für die 70er-Jahre hochmodernen Studiosessel zurück. Er dimmte das Licht seiner Stehlampe, hob den Blick und ließ ihn über Hoefnagels Vogelschau der Stadt Wien schweifen, der über seinem Bett hing, jene meisterhafte grafische Darstellung des spätmittelalterlichen Wiens, dessen Originalstich in den ersten Jahren des 17. Jahrhunderts entstanden war.

Daniel konnte sich für jede Art der künstlerischen Meisterschaft begeistern, egal ob darstellend, bildnerisch, sprachlich oder musikalisch. Er konnte sich hineinversetzen in die diversen Absichten der Schaffenden, konnte sie nach seinen breit gefächerten Möglichkeiten, Talenten und Interessen nachvollziehen.

Eine Sache fand er jedoch immer wieder spannend: So sehr ihn die Auseinandersetzungen mit den Kunstwerken anderer faszinierte, sein Gehirn erfüllte, dieses oftmals auch bis an die Grenzen forderte, so reinigend erschien ihm dann das aktive Musizieren, die aktive Schriftstellerei.

Der junge Mann räusperte sich, stand auf, schritt in die Küche und stellte Tee auf. Von Hoefnagels Meisterwerk inspiriert wanderte er durch die Wohnung, öffnete die Balkontüre und ging in die Dunkelheit hinaus.

Wie immer fand er sich über den Dächern der hell erleuchteten Stadt, begriff erneut deren Weite und Einzigartigkeit, deren geopolitisch logische Entwicklung von der mittelalterlichen Kaiserresidenz über das imperiale Stadtbild des Barock und der Gründerzeit hin zur modernen Großstadt, zur Weltstadt am Rande der westlichen Welt.

Das Pfeifen der Teekanne holte Daniel in die Realität zurück. Er lief in die Küche, hängte einen Teebeutel in eine Tasse und goss kochend heißes Wasser auf.

Er nahm die Tasse und kehrte in sein Zimmer zurück. Er drehte das Radio auf, legte eine bunt zusammengemischte Musikkassette in den Rekorder und setzte sich an seinen Schreibtisch. Er knipste die Schreibtischlampe an und begann in den Laden zu kramen.

Da lagen chaotisch durcheinander fertig abgeschlossene und nur begonnene Kurzgeschichten, Gedichte, Textfragmente, Musiknoten mit eigenen Kompositionen wie der Beginn des Kyrie einer Messe, alles irgendwie verstaut in Laden.

Daniel seufzte; seine notorische Schlamperei …

Ganz versteckt in der mittleren der drei Laden lag Sylvias Brief und das begonnene Antwortschreiben, das Daniel niemals abgesendet hatte.

Er schüttelte den Kopf und knallte die Laden zu.

„Verdammt, was bin ich doch für ein Idiot!"

Missmutig drehte er sich um und fuhr sich voller Zweifel durch sein Haar.

Er sprang auf und eilte ins Bad, stellte sich vor den Spiegel und betrachtete sein ebenmäßiges Gesicht mit der makellosen Haut, den von der Höhensonne gebräunten Teint, aus dem zwei strahlendblaue Augen blitzten, das volle braune Haar mit den paar wenigen grauen Strähnchen.

„Sohn des Mars …"

Grimmig lachte Daniel in sich hinein.

„… oberflächlich, alles oberflächlich … und was hat sich schon Großes geändert?"

Er drehte sich auf der Stelle um, löschte das Licht, hängte sich sein Sakko um, steckte Geld und Zigaretten ein, trat durch die Wohnungstüre auf den Gang hinaus und knallte jene geräuschvoll hinter sich zu.

Er sprang die Stiegen hinunter, lief auf die Straße, überquerte sie und eilte in jenes kleine Café an der benachbarten Häuserecke, das bis weit nach Mitternacht geöffnet hatte.

Er sah sich kurz um, grüßte, bestellte im gleichen Atemzug ein Glas Wein und setzte sich.

Nervös trommelte er mit seinen Fingern auf die hölzerne Tischplatte und blickte wieder durch das kleine Lokal. Niemand Bekannter war zu sehen …

Die ihm unbekannte Servierkraft durchschritt die Gaststube und stellte das gewünschte Glas vor Daniel hin. Er zögerte …

Einmal, zweimal setzte er an, stellte das Glas wieder ab, hob es wieder, führte es zum Mund und nahm letztlich einen kleinen Schluck.

„Herrlich, köstlich …"

Genussvoll zündete er sich eine Zigarette an, ein weiterer Schluck folgte; dann noch einer, dann ein weiteres Glas.

Daniel zahlte; er fühlte sich völlig von der Rolle; er wollte schleunigst nach Hause.

Zwei Glas Wein hatten ihn völlig betrunken gemacht.

Reumütig schleppte er sich nach Hause und ließ sich auf sein Bett fallen.

Schlaflos wälzte er sich von einer Seite auf die andere.

„Verdammte Scheiße …"

Daniel erwachte.

Langsam begann er den schalen Geschmack eines fatalen Fehlers, den er begangen hatte, zu verspüren.

Sein Kopf schmerzte; er fühlte sich verkatert, verloren.

Baustellenlärm drang gedämpft von draußen, von einer belebten Straße her in das im Stil der 60er-Jahre geschmacklos möblierte Hotelzimmer. Es war taghell, heiß und stickig. Die Klimaanlage war offenbar defekt. Trotzdem ließen sich die Fenster nicht öffnen.

Mühsam hob der junge Mann seinen Kopf und blickte um sich.

Das Bett war zerwühlt; neben ihm lag Trixi, spärlich durch ein Bettlaken bedeckt. Ruhig ging der Atem der in tiefem Schlaf Befindlichen.

Daniel setzte sich auf, blieb einige Sekunden lang auf der Bettkante sitzen, stand sodann auf und ging, splitternackt, wie er war, zum Fenster. Dunst lag über der norditalienischen Stadt.

Er schloss die Augen; das eigenartige flache Licht des dunstigen Septembermorgens blendete ihn.

Der junge Mann fühlte Trockenheit in Mund und Nase.

Dumpf summte die Klimaanlage des abgrundtief hässlichen Gebäudes am Rande des Stadtzentrums.

Er öffnete wieder die Augen, wandte sich um, schritt an Tisch und Bett vorbei, suchte eilig nach dem Bad, um seinen Durst zu stillen. Beim Vorübergehen erblickte er auf dem Nachtkästchen einen Zimmerschlüssel. Er hielt kurz inne, nahm den Schlüssel und betrachtete ihn: 344 – sein Zimmer; es war aber nicht sein Zimmer, wo er sich gerade befand.

Daniel versuchte krampfhaft seine Gedanken und Erinnerungen zu ordnen, doch er tat sich schwer dabei.

Im Badezimmer angelangt drehte er am Wasserhahn; stoßweise kam schales, trübes Wasser herausgesprudelt. Daniel ekelte sich. Er drehte den Hahn wieder ab und verließ den Sanitärraum.

Er kehrte ins Zimmer zurück und sah unterhalb des Tisches eine Minibar stehen. Er öffnete sie und entnahm ihr eine Flasche Mineralwasser. In Windeseile öffnete er sie und trank sie im Stehen auf einen Zug leer.

Daniel setzte sich auf den harten Kunststoffsessel, der neben dem Tisch stand, beugte sich vornüber und rieb sich die Stirn mit seinen Handflächen.

Trixi atmete ruhig; sie lag bäuchlings auf dem Bett. Nur Teile des verlängerten Rückens und die beiden Beine waren von dem dünnen Bettlaken bedeckt.

Erinnerungen wurden langsam deutlicher; Gedanken klarer.

Was war tatsächlich geschehen?

Bruchstückhaft erinnerte er sich an die Hotelbar und davor an ein Weinlokal. Unmengen musste er da am gestrigen Tag in sich hineingeleert haben; dann an eine wilde, eine geile, hemmungslose Nacht; aber keine Nacht der Liebe oder Verliebtheit.

Lange betrachtete Daniel die Schlafende, deren blond gefärbtes wirres Haar im Nahebereich der Kopfhaut bereits die brünette Naturfarbe durchschimmern ließ.

Hübsch war sie ja, die Fünfundzwanzigjährige, sie hatte eine großartige Figur, einen tollen Po, hübsche, feste Brüste; das war es aber auch schon.

Daniels Blick glitt durch das stillose Zimmer und blieb an den wahllos und unordentlich herumliegenden Kleidungsstücken haften.

Er schüttelte den Kopf und presste verzweifelt die Handflächen gegen seine Stirn.

Genau das, was Daniel unter keinen Umständen wollte, war also tatsächlich geschehen.

Es war letztendlich nicht bei den zwei Glas Wein geblieben, die er im Frühsommer in dem Café zu sich genommen hatte.

Ganz im Gegenteil – er hatte wieder häufig und ganz kräftig zugelangt.

Urplötzlich begann ihm Sylvia nachzulaufen, hatte unentwegt angerufen, wollte ihn treffen, ausgehen, doch hatte er, Daniel, auf stur geschalten und das Mädchen auf Distanz gehalten.

Er hatte sich lieber wahllos mit anderen Mädels getroffen, war tanzen gegangen, hatte sich einfach nur vergnügt.

Schlimmer noch: Er hatte sich hochnäsig, arrogant, eitel gegeben, hatte Sylvia so behandelt, wie sie ihn in vergangener Zeit: als eine Art Rückversicherung für schmale, unsichere Zeiten.

Und noch schlimmer, je weiter er Sylvia auf Distanz hielt, desto verrückter wurde sie nach ihm.

Das ging so weit, dass sie Daniel, dessen eigenes altes und verbrauchtes Fahrzeug gerade notdürftig repariert wurde, sogar das Auto ihres Vaters ohne dessen Wissen geliehen hatte, nicht ahnend, dass er das Vehikel für eine Fahrt aufs Land mit einem anderen Mädel verwenden würde.

Daniel wurde zu einem Ekel; plötzlich verhielt er sich genauso wie Robert.

Und er heimste überraschenderweise jede Menge Anerkennung aus seinem Freundeskreis für sein unmögliches Verhalten ein.

Man meinte einfach, Sylvia gebühre diese Strafe …

Und auch Sabine hatte er letztlich einmal angerufen. Eine ältere männliche Stimme hatte sich da gemeldet, hatte gemeint, die Enkelin übe gerade Klavier und sie käme gleich ans Telefon. Daniel war überrascht und gleichzeitig erfreut. Diese Begabung hatte er nicht geahnt und erzählt hatte die eher Schweigsame bei ihrer ersten Begegnung auf Monikas Party davon auch nichts.

Das Mädchen hatte ihn daraufhin eingeladen, ihn den Großeltern, bei denen sie lebte, vorgestellt. Der Junge hatte sein Saxofon mitgebracht. Gemeinsam hatte man ein wenig musiziert und Daniel war völlig begeistert von ihrer schier unglaublichen Technik. Das Mädchen schien ihm musikalisch überlegen zu sein, was bislang selten vorgekommen war. Doch mit der Zeit, im Laufe des Abends wurde Daniel klar, dass Sabine auf Technik und auf Noten fixiert war, unfähig zu jeglicher Art Improvisation.

Für den begeisterten Jazzmusiker war das allerdings nicht wirklich befriedigend.

Zu allem Überdruss hatte ihm das Mädchen zum Abschied noch bescheiden erklärt, sie würde höchst erfolgreich an der Akademie Klavier studieren.

Daniel war aus allen Wolken gefallen, hatte sich zwar höflich verabschiedet, dann aber doch schleunigst das Weite gesucht und das Mädchen entgegen seinen Beteuerungen nie mehr kontaktiert.

Es war ihm in seinem tiefsten Innersten einfach peinlich, vor sich und der Welt zugeben zu müssen, dass er diesen künstlerischen Weg verpasst oder nicht den Mut dazu aufgebracht hatte.

Eines Tages, es musste Anfang August gewesen sein, kam er dann doch nach einigem Hin und Her einer Einladung Sylvias nach. Ihre Eltern wollten den angeblich so coolen, so gut aussehenden Freund endlich kennenlernen. Zusätzlich hatte man seit Kurzem einen jungen Kater, der unbedingt besichtigt werden sollte.

Daniel hatte sich mustergültig, zuvorkommend, höflich verhalten; der Traum eines möglicherweise künftigen Schwiegersohnes.

Stolz hatte ihn Sylvia präsentiert, den groß gewachsenen feschen Jungen.

Und er war dementsprechend fulminant angekommen.

Nach einer Stunde zwangloser Unterhaltung war man dann aufgebrochen und zum nächsten offenen Heurigen gegangen, war dort bis fast zur Sperrstunde geblieben.

Das Mädel hatte sich nun offenbar wirklich hoffnungslos in Daniel verliebt, himmelte ihn an. Später war man auf Anregung Sylvias hin ziemlich betrunken in Trixis Café gefahren. Jene hatte gelacht, sich über das Wiedersehen gefreut.

„Komm bald wieder!", hatte sie mit eindeutigem Augenaufschlag zu Daniel gesagt, als dieser die ziemlich schwankende Freundin hinausbegleitet hatte und mit ihr in ein Taxi gestiegen war.

Daniel hatte Sylvia heim, die Betrunkene sodann zu Bett gebracht, war wiederum in ein Taxi eingestiegen und in das Café zurückgekehrt.

Lange war er an der Bar gesessen, hatte bis weit nach der Sperrstunde seine Zeit dort verbracht, hatte mit der aparten Kellnerin geflirtet und diese letzten Endes um ein Date gebeten.

Tatsächlich hatte man dann in der darauffolgenden Woche an Trixis freiem Tag ein recht vornehmes Stadtrestaurant besucht, für Daniels finanzielle Möglichkeiten fast zu nobel.

Trixi hatte toll ausgesehen, war fantastisch gekleidet, im Minirock, sexy, für Daniel einfach atemberaubend.

Der Abend hatte seinen Lauf genommen und relativ rasch hatte Daniel erfasst, dass das ein paar Jahre ältere Mädchen keineswegs Sylvias Klasse hatte; rattenscharf war sie aber allemal …

So kam es, wie es kommen musste: Man hatte sich auf ein gemeinsames Wochenende in Italien geeinigt, zumal Trixi im südlichen Nachbarland ausgiebig shoppen wollte.

Man wollte sich am nächsten Freitag abends in Innsbruck treffen und sodann mit Daniels altem Auto nach Italien weiterfahren. Angeblich hätte das Mädchen untertags in der Tiroler Hauptstadt noch etliches zu erledigen, was Daniel auch recht war, zumal er mit Sylvia tagsüber noch schwimmen gehen wollte.

Tatsächlich war jene auch ganz besonders reizend gewesen, hatte sich genau für diesen Anlass einen neuen, einen besonders knappen Bikini gekauft. Nach vielen Wochen Sendepause hatte man sich wieder einmal ausgiebig geküsst, Spaß gehabt, man schien wieder einmal ein Herz und eine Seele zu sein.

Und schon begann es dem jungen Mann in der Seele leidzutun, sich auf das bevorstehende Wochenende mit Trixi eingelassen zu haben.

Zu allem Überdruss hatte Sylvia plötzlich vorgeschlagen, das ganze Wochenende gemeinsam mit dem jungen Mann verbringen zu wollen.

Daniel war aus allen Wolken gefallen; ein derartiges Ansinnen hatte sie noch nie geäußert.

In der Brust des jungen Mannes wohnten nun zwei Seelen.

Letztlich entschied sich Daniel für das Unbekannte, das Abenteuer.

Der grundsätzlich so sensible Junge war oberflächlich geworden, hatte sich immer mehr mit Schutzschildern umgeben, ließ nichts mehr an sein Innerstes, versuchte gewaltsam seine Gefühlswelt zu unterdrücken, wollte einfach nicht mehr verletzt werden.

So hatte er sich gegenüber Sylvia mit der plumpen Ausrede, gerade an diesem Wochenende dringende familiäre Verpflichtungen zu haben, aus der Affäre gezogen, hatte das verliebte Mädchen nach dem Schwimmen jedoch heimgebracht, sich liebevoll von ihr verabschiedet.

Traurig hatte sie ihm nachgeblickt.

Nach einem kurzen Zwischenstopp daheim, um eine Reisetasche zu packen, hatte er sich unverzüglich wieder auf den Weg Richtung Westen gemacht.

Nach Salzburg begann dann Daniels Auto erneut Macken zu machen. Quasi auf Händen hatte es der verzweifelte Fahrer noch bis zum vereinbarten Treffpunkt getragen.

Da war aber dann endgültig Schluss.

War das die Rache für die Lüge?

Trixi war verstimmt.

Das Mädel hätte sich gerne nach Italien chauffieren lassen. So musste man stattdessen ihr Fahrzeug, einen recht neuen knalligen VW-Käfer, nehmen.

Nach einem kurzen Blick in seine Geldtasche stiegen vor Daniels innerem Auge die nächsten dräuenden Gewitterwolken auf.

Da war nicht übermäßig viel Bares zu erkennen; keineswegs jedenfalls so viel, dass er sich die Italienfahrt, ein Hotel und Trixis offenbar ziemlich aufwendigen Lebensstil würde leisten können. Während der nächtlichen, rasenden Fahrt durch fremdes Land vermischte sich diese bedauernswerte Erkenntnis mit Trixis Fahrstil und führte zu kräftiger Übelkeit. Nicht nur einmal musste stehen geblieben werden.

Daniel erkannte sehr rasch, dass dieses Unternehmen unter keinem besonders günstigen Stern stand, und er bereute es zutiefst, nicht daheim in den so lange Zeit herbeigesehnten liebenden Armen Sylvias geblieben zu sein.

Letztlich war man doch in später Nacht am Ziel angekommen, hatte im erstbesten Hotel eingecheckt, hatte zwei Einzelzimmer genommen, was rein finanziell gesehen natürlich unvernünftig war.

Trixi wollte es so – man wäre ja im gesitteten Italien.

Sie hatte auch einiges vor; wollte neben einem ausgiebigen Einkaufsbummel auch gut speisen und trinken gehen. Sie hatte ja genug Kohle, sie war ja berufstätig, Daniel hingegen ein armer Student, der zu allem Überdruss die letzte Zeit auf etwas zu großem Fuß gelebt und sein Geld bei den diversen oberflächlichen Mädchenbekanntschaften mit vollen Händen hinausgeworfen hatte.

Der junge Mann musste also streng disponieren, um halbwegs über die Runden zu kommen, was er sich bei Trixis geäußerten Wunschvorstellungen als gar nicht leicht vorstellte.

Des Weiteren musste der junge Mann daran denken, dass sein kaputtes Auto irgendwie repariert und zurück nach Wien musste.

All diese Probleme schlugen sich auf Daniels Gemütsleben.

Dieser versuchte sich durch mangelndes Interesse an einem groß angelegten Einkaufsbummel aus der Affäre zu ziehen, was dem älteren, höchst selbstständigen Mädchen durchaus nicht unangenehm war.

Man verabredete sich also erst für den Samstagabend an der Hotelbar.

So beließ es der Junge bei einem ausgiebigen Besuch einer preisgünstigen Weinschwemme, wo oberitalienische Weine billig ausgeschenkt wurden, aß dazwischen einige günstige Snacks und kehrte dann zum vereinbarten Zeitpunkt ziemlich betrunken ins Hotel zurück.

Ein kurzer Blick in die Brieftasche verhieß dahin gehend Günstiges, dass er sich zumindest sein Hotelzimmer wohl würde leisten können, es sei denn, es geschähe Unvorhergesehenes.

Dieses geschah mit Vehemenz; die nächste Strafe folgte umgehend.

Trixi bestellte teure Drinks und als krönenden Abschluss eine Flasche Champagner, wohl meinend, sie wäre eingeladen.

Daniel wurde abwechselnd heiß und kalt, wollte jedoch aus Stolz und aus steigendem Verlangen nach einer gemeinsamen Nacht kein Wort über seine missliche finanzielle Lage verlieren.

Nach einigen weiteren Drinks wurde auch Daniel so ziemlich alles gleichgültig.

Extrem berauscht und affengeil beschloss man Trixis Zimmer heimzusuchen, hatte sich schon beim Eintreten die Kleider vom Leib gerissen …

Daniel fuhr sich durch sein Haupthaar und legte die Hände in seinen Schoß. Der harte Kunststoffsessel begann seinem nackten Hinterteil Schmerzen zuzufügen.

Der Junge stand auf, schritt langsam zu dem schmalen Einzelbett zurück und legte sich erneut auf das zerwühlte Laken.

Trixi seufzte auf, bewegte langsam ihren Kopf, öffnete ihre geröteten Augen und blickte ihn verwirrt an.

„Ach du Scheiße … was ist passiert … was machst du hier in meinem Zimmer?"

„Weißt du nicht mehr … nach der Hotelbar …"

„Kaum … ich muss wohl völlig verrückt geworden sein!"

Trixi sprang auf, hüllte sich in ihr Bettlaken und strebte eilig dem Badezimmer zu.

Wütend knallte sie die Türe zu und überließ Daniel, ohne ein weiteres Wort zu verlieren, seinem Schicksal.

Kopfschüttelnd zog sich dieser seine Kleider an, nahm seinen Zimmerschlüssel an sich und verließ verständnislos dreinblickend Trixis Zimmer.

Wenig motiviert packte er seine Reisetasche und harrte nervös der Dinge, die da kommen würden.

Geraume Zeit später klopfte es tatsächlich an seiner Zimmertüre.

Daniel trat zur Türe und öffnete sie.

Draußen stand Trixi. Sie wirkte frisch und entspannt.

Das Mädchen küsste den Jungen zuerst flüchtig, umarmte ihn dann jedoch, strich ihm sanft über seine Lenden und entschuldigte sich halbherzig für ihre morgendliche überschießende Reaktion.

Sie hätte nun gerade ihr Frühstück genossen und der frische Kaffee hätte ihr gutgetan.

Daniel hingegen knurrte einerseits der Magen, andererseits brach Panik in ihm aus.

Wie sollte er nach den nächtlichen Ausgaben an der sündhaft teuren Bar das Zimmer bezahlen?

Er bat das Mädchen einzutreten und ersuchte sie im gleichen Atemzug flehentlich um einen kurzfristigen Kredit, bis man zu Hause in Wien wäre.

Trixi runzelte die Stirn und meinte ihren Ohren nicht zu trauen.

„Ich habe es immer gewusst! Man soll sich mit einem mittellosen Studenten einfach nicht einlassen. Aber bitte, was soll man machen?"

Es klang böse, höhnisch; Daniel versank vor Scham im Erdboden.

Gemeinsam ging man zur Rezeption; für Daniel ein Canossagang …

Trixi bezahlte die Zimmerrechnung und wies ihren Begleiter gleichzeitig an, ihr wenigstens beim Verladen der Vielzahl an eingekauften Dingen in ihr Auto zur Seite zu stehen.

Unverzüglich kam Daniel diesem Wunsch nach und bedankte sich seinerseits eins ums andere Mal.

Trixi nickte nur.

Schweigend und im Eilzugstempo fuhr man nach Wien zurück. Einmal, als aus dem Autoradio „Lady of the dawn" erklang, wollte Daniel dem Mädchen liebevoll über ihr Haar und die Oberschenkel streichen. Sie wehrte diese liebevolle Geste jedoch vehement ab und stieg stattdessen noch härter auf das Gaspedal.

Für Daniel hatte dieser Song mit diesem Augenblick all seine Faszination verloren.

Der September war vergangen und auch der Oktober neigte sich nun schon dem Ende zu.

Natürlich hatte Daniel sofort nach der Rückkehr aus Italien Eltern und Großmutter um Geld angefleht. Diese waren zähneknirschend eingesprungen.

Unverzüglich hatte er Trixi heimgesucht und seine Schulden beglichen.

Anschließend war er mit der Bahn nach Innsbruck gefahren, hatte die kaputte Wasserpumpe seines Autos reparieren lassen und war letztlich zwar erneut pleite, aber wohlbehalten in seine Heimatstadt zurückgekehrt.

Einmal hatte man sich noch unverbindlich in einem Café getroffen, wo Trixi dem Jungen erklärt hatte, sie wäre schon seit etlichen Jahren mit einem anderen Burschen fest liiert.

Daniel hatte nur genickt, hatte unverzüglich gezahlt und ohne einen weiteren Kommentar das Weite gesucht.

Nie mehr hatte er das Mädchen wiedergesehen.

Anlässlich eines flüchtigen Besuchs in Trixis Café hatte man ihm erklärt, das Mädel hätte ohne Angaben von Gründen ihre Dienst quittiert.

Sylvias Benehmen hatte sich hingegen in der Zwischenzeit normalisiert, so gebessert, dass der Freundeskreis sie wieder akzeptiert hatte.

So schien dieser Herbst für alle eine gesellschaftlich wie auch persönlich recht angenehme Zeit zu werden. Daniel hatte das so unangenehme Abenteuer, so gut er konnte, weggeschoben und sich geläutert völlig auf Sylvia konzentriert.

Ganz nach dem Sinnspruch „Lügen haben kurze Beine" war allerdings das Thema Italienfahrt bei einem Treffen der ganzen Clique völlig zufällig zur Sprache gekommen.

Sylvia hatte daraufhin sehr aufgebracht und enttäuscht reagiert. Von diesem Zeitpunkt an hielt wieder sie den Jungen auf Distanz und am Haken, was Daniel natürlich überhaupt nicht passte.

Nach außen hin wollte sie jedoch den Schein wahren.

Und tatsächlich, die beiden wurden vom Freundeskreis nunmehr endgültig als Pärchen akzeptiert, doch blieben bei den beiden weiterführende Intimitäten aus.

Daniel verstand natürlich Sylvias Groll, nahm sich oftmals selbst wegen seiner unglaublichen Dummheit bei der Nase.

Anlässlich eines feuchtfröhlichen Heurigenbesuchs platzte Daniel in negativer Weinlaune jedoch der Kragen.

Er begann das Mädchen wüst zu beschimpfen, stellte coram publico wegen der fehlenden Intimitäten auf bösartige Weise die ganze Beziehung infrage und verließ daraufhin torkelnd und unflätig auf Gott und die Welt schimpfend das Lokal.

Derlei Ausbrüche war man von Daniel, der dann in weiterer Folge in nüchternem Zustand das eigene Verhalten zutiefst bereute, in dessen Freundeskreis nicht gewöhnt.

Sylvia jedoch fühlte sich durch diesen peinlichen, schrecklichen Affront zutiefst beleidigt und verletzt. Bei ihr war nun endgültig der Ofen aus. Und auch den Freunden war das zu viel; sie stellten sich fortan hinter das Mädchen und straften Daniel für lange Zeit mit Verachtung.

Einmal, ein einziges Mal hatte er bei Sylvias Eltern angerufen, ihren Vater am Hörer erwischt. Dieser hatte erklärt, er, Daniel, möge der Tochter Zeit geben. Es würde schon alles wieder gut werden.

Es wurde nicht …

Daniel trauerte, er trauerte lange, viele Monate; ihn schmerzte die endgültige Trennung, der nicht mehr zu kittende Bruch sehr, so sehr, dass es oftmals sehr wehtat.

Doch er blieb passiv, unternahm nichts.

Er wusste, dass es so besser sein würde und er irgendwann einmal darüber hinwegkommen müsse.

Und er wusste, dass sein Verhalten unentschuldbar gewesen war.

Von Sylvia hatte er jedenfalls lange nichts mehr gehört; und auch viele der Freunde blieben weiterhin auf Distanz.

Einmal, ein einiges Mal, viel später war Daniel zufällig zu Ohren gekommen, dass es Sylvia gut ginge und sie einen kleinen Sohn hätte …

INTERMEZZO

Ins kalte Wasser

Mitte der 80er-Jahre …

Sommer in Wien …

Seit Tagen prasselte der Regen auf die Metalldächer des Verwaltungsgebäudes eines pharmazeutischen Unternehmens nieder und der böige Wind peitschte schwere Tropfen gegen die großen Fensterscheiben des Schulungszimmers.

Missmutig legte Daniel das Skriptum zur Seite und stieß seinen Kollegen an. Dieser blickte kurz auf, sah zum Fenster hinaus, griff nach der Zigarettenpackung und legte sie wieder weg.

„Ich sollte weniger rauchen …"

„Da hast du recht. Es steht hier wirklich die Luft. Wenn doch die verdammte Entlüftungsanlage besser funktionieren würde!"

Die Unterhaltung stockte und stereotyp griff Daniel wieder nach seinen Lernunterlagen.

Das Warten auf den Schulungsleiter war seit Wochen ein alltägliches Ritual.

Obzwar der honorige tschechische Internist ungeteilte Sympathien besaß, waren gerade die Stunden des Wartens besonders lähmend.

Und das stetige Rauschen des Regens tat das Seine dazu, sich statt dem konzentrierten Lernen einem sanften Dämmerschlaf hinzugeben.

„Grüß Gott, die Herren!"

Mit einem freundlichen Lächeln im Gesicht betrat der lang erwartete Arzt den Raum und nahm geräuschvoll Platz.

„Haben heute schon fleißig gelernt?"

Der Kollege blickte seitlich zu Boden und wurde krebsrot im Gesicht. Daniel verpasste ihm einen Tritt gegen das Schienbein.

„Jetzt beherrsch dich doch!"

Eingedenk der Tatsache, dass die mangelnde sprachliche Gewandtheit des Mediziners grundsätzlich und andauernd zu

Heiterkeitsausbrüchen des Kollegen führte, befand Daniel derlei Gemütsanwandlungen gerade in diesem finalen Stadium der produktspezifischen Ausbildung zum pharmazeutischen wissenschaftlichen Außendienst für nicht unbedingt angebracht. Sollten doch in den kommenden Tagen die Abschlussprüfungen ins Haus stehen.

Der sanfte Tritt hatte seine Wirkung nicht verfehlt und konzentrierte Ruhe trat ein.

„Morgen gibt Prüfungen, meine Herren … also fleißig sein … haben noch Fragen?"

„Ja, Herr Doktor …"

Der Kollege setzte ein breites Grinsen auf und Daniel wusste unverzüglich, was nun kommen würde.

„Bitte lass das …"

Zu spät.

„In welcher Form wird denn diese Substanz ausgeschieden?"

„Ach wissen noch immer nicht? Schaut nicht gut aus für Prüfung. Natürlich mit das Urin."

„Was ist so lustig?"

Der Schulungsleiter blickte verwundert auf den Kollegen, der längst wieder die Selbstbeherrschung verloren hatte und sich vor Lachen bog.

Daniel biss sich auf die Unterlippe und versuchte inbrünstig an etwas furchtbar Trauriges zu denken, was tatsächlich auch gelang.

„Ich weiß nicht, was der Kollege hat. Er hat halt einen ausgeprägten Sinn für Humor."

Die Situation war gerettet.

Der Kollege hatte sich wieder beruhigt, der Mediziner erhob sich kopfschüttelnd von seinem Platz und strebte der Türe zu.

„Komme morgen in der Früh mit die Prüfungszettel …"

Der Doktor warf noch einen kurzen Blick zurück, trat auf den Gang hinaus und schloss die Türe hinter sich.

Nun war es um beide geschehen.

Wie auf Kommando sprangen die beiden jungen Kollegen von den Stühlen auf, liefen zum Fenster, pressten ihre Gesichter gegen das kalte Glas und lachten, bis ihnen die Tränen das Gesicht hinunterliefen.

Am darauffolgenden Tag war den beiden Kollegen allerdings das Lachen schnell vergangen.

In die Prüfungsunterlagen vertieft, überwacht vom freundlichen, aber strengen Blick des Schulungsleiters saßen sie an ihrem Tisch und niemand dachte mehr an dessen Unzulänglichkeiten im Zusammenhang mit der deutschen Sprache.

Daniel tat sich mit den Prüfungsfragen übrigens sehr leicht.

Dankbar dachte er in diesen Augenblicken an seine nun schon langjährige feste Freundin Eva und an die vielen Stunden, die sie vor wenigen Monaten noch gemeinsam an dem Skriptenmaterial für die staatliche Zulassungsprüfung gesessen waren. Als frisch gebackene Frau Dr. med. war sie ihm wohl eine unschätzbare Unterstützung gewesen. Vollgepackt mit Fachwissen war Daniel also damals zu der Prüfung gepilgert, hatte famos abgeschnitten und offensichtlich einen derartig überzeugenden Eindruck gemacht, dass er von der Prüfung weg von einem bekannten heimischen Unternehmen engagiert worden war.

Voller Stolz und Freude hatte er sich dann in die Produktschulung gestürzt, profitierte von seinem umfassenden Wissen, aber auch von der Tatsache, dass er sich in der Fachsprache der Mediziner sehr gut ausdrücken konnte, und Daniel wurde bald recht langweilig.

„Schon fertig?"

Die Frage des Schulungsleiters holte den Siebenundzwanzigjährigen rasch in die Realität zurück.

„Bald."

Akribisch beantwortete er die letzten paar harmlosen pharmakologischen Fragen und drückte dem Internisten die fertigen Unterlagen in die Hand.

„Und wie schaut aus bei Ihnen?"

Der Mediziner warf dem Kollegen einen fragenden, prüfenden Blick zu.

Dieser räusperte sich und sah seltsam unsicher um sich.

„Gut, gut …"

Der Doktor bemerkte diesen Blick, zwinkerte Daniel kurz zu und verließ urplötzlich den Raum.

„Komme gleich wieder …"

Verwundert und extrem erleichtert nahm der Kollege diese unerwartete Tatsache zur Kenntnis.

„Hilf mir bitte … wie geht das …"

Im Nu hatten die beiden gemeinsam dessen noch unbeantwortete Fragen gelöst, was auch wichtig war, denn der Schulungsleiter war genauso plötzlich wiedergekehrt, wie er zuvor verschwunden war.

Reaktionsschnell hatte Daniel seinen Platz wieder eingenommen und der Kollege sammelte sichtlich zufrieden seine diversen beschriebenen Zetteln auf.

„Ist aber jetzt schnell gegangen …"

Nochmals zwinkerte der Arzt schelmisch, ordnete alles Material in einer Mappe und schloss die Prüfung.

Die beiden Kollegen erhoben sich und strebten in Windeseile der Kantine zu.

„Jetzt wirst du dich aber sicher nicht mehr über ihn lustig machen. Immerhin hat er dir das Leben gerettet."

Vergnügt gab Daniel dem Kollegen einen leichten Schubs.

„Ja, aber du auch."

„Blödsinn, das hättest du alleine auch geschafft!"

„Also, viel Glück und machen Sie uns Umsätze!"

Mit diesen freundlichen und aufmunternden Worten schloss der Außendienstleiter der Ostregion seine Rede, die Daniel nach erfolgreich abgelegter Abschlussprüfung in die Freiheit des Pharmaaußendienstes entlassen sollte.

Er musste allerdings zugeben, dass ihm gerade diese Worte ein wenig seltsam anmuteten, war doch bislang in der ganzen aufwendigen Schulungsphase zwar immer von der Notwendigkeit einer umfassenden spezifischen und auch allgemeinen fachlichen Ausbildung die Rede gewesen, nie aber von zu erzielenden Umsätzen oder gar von Geschäftsabschlüssen, die der wissenschaftliche Außendienst ja kraft Gesetzes gar nicht tätigen hätte dürfen.

Natürlich kannten alle die Präparate der Konkurrenz fast genauso gut wie die eigenen. Natürlich waren deren Stärken und Schwächen hinlänglich bekannt, aber im Vordergrund der Ausbildung war immer der Ehrenkodex der pharmazeutischen Industrie gestanden.

Mit gemischten Gefühlen, mit dem nötigen Respekt, ein wenig Angst, aber auch in der Überzeugung, einen gewissen Heimvorteil zu haben, trat Daniel tags darauf im Morgengrauen die Reise in den westlichsten Bezirk Niederösterreichs an, der wie etliche andere politische Bezirke Niederösterreichs, aber auch wie etliche Wiener Stadtbezirke seinem Reisegebiet zugehörig war.

Mit Sorgfalt hatte er Straßen wie Karteikarten studiert und den Kofferraum seines PKWs mit ausreichend Ärztemustern und sonstigem hilfreichen Material ausgestattet.

Mit einem Stoßseufzer hatte er sich von Eva verabschiedet.

„Mach's gut, wird schon gut gehen … du schaffst das sicher!"

Die liebevollen Abschiedsworte vermischten sich ganz eigentümlich mit „… machen Sie uns Umsätze …", während das Greenhorn die Westautobahn entlangfuhr.

„Das gibt's doch nicht!"

Eine gewisse Verzweiflung machte sich in Daniel breit, als er nun schon zum vierten Mal die Marktgemeinde durchfuhr oder umrundete, ohne die Ordination des dort laut Karteikarte ansässigen, eine Hausapotheke führenden Allgemeinmediziners auch nur annähernd gefunden zu haben, und auch keine Menschenseele fand sich, die befragt hätte werden können.

Immerhin war es genau acht Uhr früh und die Zeit drängte, da es in den Landgebieten durchaus Usus war, dass die niedergelassenen Mediziner an den meisten Tagen nur bis spätestens Mittag zu ordinieren pflegten.

Wie wären wohl unter diesen Umständen die vorgeschriebenen acht Arztbesuche pro Tag zu bewerkstelligen?

Ein letzter Versuch …

Gott sei es gedankt!

Am Rande der Ortschaft, weitab von der Hauptstraße fand Daniel endlich den erlösenden Wegweiser „Zum Arzt".

Er bog ein kleines Sträßchen ab, das ihn nach wenigen Hundert Metern zum ersten Ziel seiner hochgesteckten Ambitionen bringen sollte.

Seine erleichterte Stimmung sank allerdings recht rasch ins Bodenlose, als er zu seinem großen Erschrecken bemerkte, dass sich etwa dreißig Fahrzeuge parkend um das Doktorhaus versammelt hatten.

Daniels Herz klopfte bis zum Hals.

Er schloss die Autotüre hinter sich, packte seine große Tasche, hielt die Visitenkarte griffbereit und trat ein wenig unsicher und zögernd durch die breite Türe, neben der goldglänzend das Schild des hier residierenden Arztes prangte.

Das Gedränge war lebensgefährlich und ein Raunen ging durch die wartende Menge: „... um Gottes willen, schon wieder ein Vertreter ..."

Einigermaßen planlos reihte sich der Newcomer in die Warteschlange ein, ließ seinen Blick über die dicht besetzten Bankreihen schweifen und erstarrte.

Saßen doch da tatsächlich mindestens drei Kollegen mit ähnlich prall gefüllten Taschen und blickten Daniel hämisch grinsend an ...

„Also für den Doktor sind Sie zu spät dran ... da müssen Sie schon vor sieben da sein!"

Wie tröstlich doch die wohlgemeinten Worte eines dieser freundlichen Herren waren.

Noch immer schöpfte Daniel allerdings die leise Hoffnung, dass man ihn vielleicht doch empfangen würde, da ja die Zentrale seines Dienstgebers gar nicht weit entfernt wäre.

Mit seiner Visitenkarte winkend versuchte der junge Mann die Aufmerksamkeit einer der Ordinationsangestellten auf sich zu lenken, was aufgrund seiner Körpergröße relativ rasch auch gelang.

Die Reaktion war allerdings dahin gehend ernüchternd, als eine weiß bemäntelte Dame nach flüchtiger Ansicht der Visitenkarte meinte:

„Na, Ihna hamma jetzt grad no braucht!" (HD: Na, Sie haben wir jetzt gerade noch benötigt)

„Kumman'S murgen wieder, da hat der Doktor freien Tag und is net da ..."(HD: Kommen Sie morgen wieder, da hat der Doktor freien Tag und befindet sich nicht hier.)

Trotz seiner Beteuerungen, den Hausbrauch noch nicht kennen zu können, hatte Daniel im Nu seine Visitenkarte wieder zurückerhalten und die freundliche Dame sich dem nächsten Patienten zugewandt.

Er war frustriert und verstand die Welt nicht mehr.

War er doch in den letzten Monaten während seiner Ausbildung häufig mit einer Kollegin der anderen Vertriebslinie gemeinsam auf Arztbesuch unterwegs gewesen.

Immer hatte man sie schnell, freundlich und zuvorkommend empfangen. Nie hatte es derartige Probleme gegeben; eigenartig ...

Begleitet von einem erneuten hämischen Grinsen der aufgefädelt dasitzenden Kollegenschaft verließ Daniel mit hochrotem Kopf das gastliche Haus.

Er konnte sich im Nachhinein gar nicht mehr richtig erinnern, wie er an diesem Tag sein Pensum erledigen hatte können, aber irgendwie hatte er es letztlich doch geschafft, was einer Art Wunder gleichgekommen war.

Der Outsider war jedenfalls rasch geläutert ...

Der Läuterung Fortsetzung

Daniel gewöhnte sich rasch, wenn auch nicht wirklich gerne an die Tatsache, dass er entgegen seiner Primärvorstellungen und Visionen von seinem Berufsstand keineswegs als Informationsquelle, sondern vielmehr als eine eigentümlich zahnlose Art Keiler unterwegs war, über dessen Haupt die allgegenwärtige „Pharmadat" als schwarzer Schatten schwebte, jene genaue Statistik, welche die exakten Verschreibungszahlen eines ganz bestimmten Medikaments, ja einer ganz bestimmten Darreichungsform wie etwa Kapseln, Tabletten oder Ampullen in dem jeweiligen politischen Bezirk exakt schwarz auf weiß wiedergab.

Abgesehen davon war es letztlich naiv gewesen, zu glauben, dass die niedergelassenen Mediziner die Zeit und die Notwendigkeit hatten, sich mit den diversen hochwissenschaftlichen und manchmal auch recht paradox praxisfernen Botschaften der Pharmaleute auseinanderzusetzen.

Auf der anderen Seite geizte man zu diesen Zeiten nicht mit Präsenten oder diversen, als Fortbildungsveranstaltungen getarnten Essenseinladungen in hochpreisige Lokale, also zu den unantastbaren Platzhirschen der diversen Provinzstädtchen oder Marktflecken.

So empfing man besonders als wichtiger Arzt mit bekannt großem Klientel die Abgesandten der Pharmaindustrie eben aus diesen Gründen, manchmal belustigt, manchmal schroff, meistens jedoch abweisend, abschaltend, manchmal vielleicht auch ganz froh darüber, sich zwischen den Heerscharen an Patienten und deren Sorgen und Nöten ein wenig entspannen zu können.

So hielt man dann müde vor sich dahindämmernd so manchen unnötigen wissenschaftlichen Erguss aus; zumindest ein ausgiebiges Essen und die Verkostung so mancher Feinheiten der Vinothek des betreffenden Restaurants mochten die Belohnungen dafür darstellen.

Andererseits gab es aber auch recht interessante Aspekte:

Aufgrund seiner „Wirkungsräume" vorwiegend im ländlichen Gebiet, zum Teil auch am Rande der zivilisierten Welt, hatte Daniel viel mit den sogenannten Hausapotheken führenden Allgemeinmedizinern zu tun, rechtschaffene und fleißige, also klassische Praktiker, Landärzte, die in oft entlegenen Regionen ihr Klientel mit Akribie, ungeheurem Wissen, den nötigen fachlichen Möglichkeiten und der entsprechenden Erfahrung rundum betreuten.

Sie waren die „Family Doctors" für Haus und Hof, führten ebenso Hausgeburten durch, wie sie auch zur Not in Ermangelung eines rasch an Ort und Stelle befindlichen Veterinärs beim Kalben zur Stelle waren.

Oftmals waren sie im Arzthaus angesiedelt, einem teilweise von der jeweiligen Kommune zur Verfügung gestellten Objekt, das gottlob in vielen Fällen von der Ortsstraße aus schon beschildert und demnach leicht aufzufinden war.

Dies stand in krassem Gegensatz zu den ärztlichen Standorten in den Bezirksstädtchen, wo die niedergelassene Ärzteschaft mangels genauer Ortskenntnis häufig schwer aufzufinden war und Daniel speziell zu Beginn seiner Außendiensttätigkeit ein ums andere Mal vergaß, welches versteckte Gässchen er suchen und auch befahren musste, um endlich sein Ziel zu erreichen. Manchmal war er der Verzweiflung nahe, wenn er sich wieder einmal verfahren hatte, sich irgendwo im Nirgendwo wiederfand und somit einen ganzen Packen Zeit verloren hatte; Zeit, ein höchst wertvolles Gut, zumal dort die Doktoren der Allgemeinmedizin zeitlich sehr beschränkte und oft auch recht undurchsichtige Ordinationszeiten zu haben pflegten.

Bei den Hausapothekern im ländlichen Raum verhielt sich dies ja anders. Da gab es neben den Hinweistafeln umfangreiche Parkmöglichkeiten im Umfeld des Arzthauses. Natürlich waren diese zumeist überfüllt, zumal ja das Klientel, die Patientenschaft oft recht weit weg, in entlegenen Ortschaften, Rotten oder Weilern wohnte und somit in jedem Fall auf einen fahrbaren Untersatz angewiesen war.

Natürlich fanden sich auch Fahrzeuge mit Wiener Nummer darunter, welch Freude!

Die Kollegenschaft war also auch schon unterwegs.

Mit der Zeit lernte es Daniel, die diversen PKWs mit den MitarbeiterInnen der diversen Firmen in Zusammenhang zu bringen, was für ihn bei den Überlegungen nach den besten Argumenten dem Arzt gegenüber dann höchst hilfreich war, wenn man schon a priori wusste, dass man sich in Zusammenhang mit den zu bewerbenden pharmazeutischen Spezialitäten in direktem Konkurrenzverhältnis befand.

Das beste Argument war jedenfalls immer der Naturalrabatt, ein den Verkauf förderndes Instrument, über welches der sogenannte wissenschaftliche Außendienst gesetzlich gar nicht verfügen durfte. Dieses Instrumentarium wäre lege artis ausnahmslos dem Großhandel vorbehalten gewesen.

Man bedenke erneut, dass man sich mitten in den 80er-Jahren des vergangenen Jahrhunderts befand, in einer Zeit, welche der Ärzteschaft Hundertschaften an Ärztemustern bescherte, einer Zeit, wo es keinen Barcode gab und es durchaus noch möglich war, jenen primitiven Stempel, der die betreffende Packung als Ärztemuster definierte, einfach wegzuradieren und damit die Packung zur offiziellen Verkaufsware zu konvertieren.

Natürlich war das in jeder Richtung völlig illegal.

Und trotzdem … fast jeder tat es; im Hinterkopf die „Pharmadat", wo sich die Bestellung einer größeren Mengeneinheit eines ohnehin schwer zu argumentierenden, weil durch eine ganze Reihe zumindest gleichwertiger Mitbewerber nicht wirklich außergewöhnlichen Medikaments sehr gut ausmachte und dann bei offizieller Bekanntgabe der Ziffern innerhalb der Firma für Furore und innerhalb der Kollegenschaft für besondere Hochachtung sorgen würde.

Tatsache war jedenfalls, dass Daniels Berufsstand nicht auf Provisionsbasis arbeitete, sondern lediglich ein fixes Gehalt bezog, das durch keinerlei Machenschaften aufzubessern war, und dass man offiziell bis auf eine Ausnahme (und davon später …) keine Bestellungen entgegennehmen durfte. Diese Verrichtungen waren eben nur dem Großhandel vorbehalten, wobei es verständlicherweise günstig war, mit dessen Vertretern auf gutem Fuß zu stehen, mit ihnen bei Gelegenheit das eine oder andere Glas Bier trinken zu gehen, somit deren Zunge ein wenig zu lösen und damit so mancher Wahrheit ein wenig näher kommen zu können, denn die Aussagen der Ärzteschaft entsprachen aus taktischen Gründen nicht immer den Tatsachen.

„Ich hab das Zeug ja letzte Woche ohnehin bestellt …"

Süß klangen Daniel diese Worte gerade in den ersten Phasen seiner Tätigkeit oftmals in seinem Ohr.

Das vertrauenerweckende breite Lächeln des Mediziners vor Augen ließ ihn oftmals im Hochgefühl in sein Auto steigen und genüsslich zurücklehnen.

Der Blick auf die nächste „Pharmadat" enthüllte dann das genaue Gegenteil.

Die zugesagte Bestellung war nicht eingegangen, Daniel hatte umsonst radiert und dem betreffenden Hausapotheker die auf illegale Weise legalisierten Packungen als Naturalrabatt für nichts und wieder nichts überantwortet; man hatte also den Naivling klassisch übernommen.

Erst durch den positiven Kontakt mit den regionalen Großhandelsvertretern war der Routine und Erfahrung Sammelnde dann erst imstande, Licht in die dunklen Sachen zu bringen und dann seinerseits bei den diversen Behauptungen ein mildes und ungläubiges Lächeln aufzusetzen.

Vielen Hausapothekern war dies dann eher unangenehm, eine Art schlechten Gewissens war zu verspüren und Daniel konnte sich für die Zukunft einigermaßen sicher sein, nicht mehr so schäbig belogen zu werden.

Dadurch schwand letztlich aber jedes Hochgefühl, Daniel wusste alles im Vorhinein, es wurde knöchern und Routine. Niemand konnte ihm mehr etwas vormachen. Und es schwand auch zusehends die Hochachtung vor sich und seinem für so stolz und ehrenhaft gehaltenen Berufsstand.

Bei der niedergelassenen Ärzteschaft ohne Hausapotheke und bei den Fachärzten war in dieser Sache ohnehin Hopfen und Malz verloren. Deren Verordnungen und Verschreibungsgewohnheiten waren nicht überprüfbar. Man konnte die ganze Kollegenschaft nach Strich und Faden belügen und gegeneinander ausspielen.

Wie Daniel im Laufe seiner langjährigen Tätigkeit mitbekommen hatte, gab es jedoch auch besonders fürwitzige und auf den ersten Blick extrem geschickte Kollegen.

Diese liefen einfach in die ortsansässige Apotheke und versuchten die undurchsichtigen Gewohnheiten den diversen Apothekern zu entlocken.

Das ging das eine oder andere Mal gut.

Wenn aber die geschäftliche oder auch persönliche Beziehung zwischen dem Arzt und dem Apotheker jedoch eine besonders gute und innige war, so wurde nichts oder eben nur eine Halbwahrheit preisgegeben und die Information über die emsigen Aktivitäten des betreffenden Außendienstmitarbeiters kam brühwarm an die richtige Stelle zurück.

Fazit: Bei nächster Gelegenheit, sprich beim nächsten Besuch kam dann die fürwitzige Art der Informationsbeschaffung rasch ans Licht, der Kollege, die Kollegin wurden des Hauses verwiesen und vom betreffenden Mediziner nie mehr empfangen.

Man mochte dazu stehen, wie man wollte; ein eigenes Kapitel in der beruflichen Routine des Pharmaaußendienstes waren die Krankenhäuser samt intensiver Kontaktpflege mit den Anstaltsapotheken.

Und auch hier gab es gravierende Unterschiede:

Große bzw. Schwerpunktkrankenanstalten besaßen eine eigene Anstaltsapotheke, kleinere oder auch Bezirksspitäler leisteten sich lediglich ein Medikamentendepot, das zwar von einer Fachkraft betreut wurde, jedoch keinen Magister, keine Magistra der Pharmazie als Führungsperson hatte.

Zumeist waren die LeiterInnen der Depots mächtige Menschen, die genau wussten, dass mit ihnen gute Geschäfte zu machen waren. Im Gegensatz zu den Apotheken, die beim Großhandel beziehen mussten, konnte als große Ausnahme in den beschränkten Möglichkeiten des pharmazeutischen Außendienstes ein Medikamentendepot direkt bei den betreffenden Personen Medikamente bestellen.

Mit Begeisterung besuchte Daniel diese Depots; es hatte richtig Spaß gemacht, endlich etwas Handfestes wie eine Bestellliste in der Hand zu haben, diese mit einiger Genugtuung in die Firma weiterzugeben und nicht wieder irgendwie herumlavieren zu müssen.

Andererseits war es immer sinnvoll, mit einem netten Präsent zu erscheinen; wohlgemerkt, nichts Teures, Aufwendiges, einfach etwas Nettes wie Blumen, Konfekt oder Ähnliches.

Letztlich hat man das wirklich gerne gemacht; die Leutchen haben sich zumeist gefreut; das freundliche Klima hatte den Raum erwärmt und man fühlte sich zumindest ein bisschen geliebt, vielleicht das erste Mal an diesem Tag.

Die Erschwerniszulage

Im Gegensatz zu vielen anderen Kollegen und Kolleginnen hielt Daniel nicht viel von Übernachtungen in der Provinz. Da zog er es eher vor, in aller Frühe aufzubrechen und nach verrichteter Dinge im Laufe des Nachmittags wieder nach Hause zurückzukehren.

In der warmen Jahreszeit war das ja kein Problem; es war zeitig am Morgen schon hell, der Straßenzustand in Ordnung und man wich zumeist den absoluten Stoßzeiten aus.

Allerdings kamen bei Touren in entfernte Regionen gewaltige Kilometerleistungen zustande. Erschwerend kam noch dazu, dass Daniel zu dieser Zeit ein gebraucht erstandenes Automobil sein Eigen nannte, das ein ganz bemerkenswertes Eigenleben besaß, nämlich eine vom Vorbesitzer nachträglich eingebaute vorsintflutliche Klimaanlage, die nicht nur kräftig Pferdestärken fraß, sondern sich zu allem Überdruss weder verstellen noch gänzlich abschalten ließ.

Das hatte zur Folge, dass es im Hochsommer innerhalb des Fahrzeugs eisig kalt war und die Kaltluft ungehindert und unablässig auf Daniels Kopf und Nacken blies. Dieses hatte wiederum zur Folge, dass sich der junge Mann chronische Stirnhöhlenbeschwerden und ein andauernd steifes, in der Beweglichkeit eingeschränktes und schmerzendes Genick zuzog. Damit aber nicht genug: Die Westautobahn hatte – bedingt durch die Topografie der Landschaften – viele und auch lang gezogene Steigungen. Und selbstverständlich schaltete sich die Klimaanlage genau an solchen Stellen unvermittelt ein, was trotz der beachtlichen Motorenkraft des Autos einen unverzüglichen Einbruch in der Geschwindigkeitsleistung bedeutete; wie durch Zauberhand sank die Drehzahl und man wurde zusehends langsamer.

Das wäre natürlich mit einem kräftigeren Tritt auf das Gaspedal relativ leicht zu beheben gewesen, doch dies hätte wiederum zusätzlichen kostbaren Treibstoff benötigt und besonders die gebrauchten PKWs dieser Zeit hielten a priori noch nicht sehr viel von übertriebener Sparsamkeit.

So seufzte der junge Mann oftmals gequält, ließ die Sache jedoch auf sich beruhen. Es würde ja in absehbarer Zeit wieder abwärts gehen oder die Klimaanlage aus welchen Gründen auch immer ihren Betrieb vielleicht einstellen oder zumindest unterbrechen.

Die wahren Pikanterien kamen allerdings in den Wintermonaten.

Es war einmal im Februar – die Kälte und der Schneereichtum kannten kaum Grenzen.

Von Tag zu Tag froren die Schneehaufen mehr und mehr zusammen, bildeten steinharte bizarre Skulpturen, gewaltig anzusehen, imposant, spektakulär; den Möglichkeiten, im innerstädtischen Bereich sein Auto abzustellen, allerdings kontraproduktiv …

Zudem hatten die Qualitäten der Autobatterien nicht unbedingt den Standard späterer Epochen. Unentwegt musste man aufgrund der arktischen Kälte mit einem „njet" des Stromlieferanten rechnen.

So war es kurzfristig der Gipfel allen Glücks, einen der heiß begehrten Parkplätze in einer abschüssigen Gasse zu ergattern. Da war es am nächsten klirrend kalten Morgen durchaus möglich, den Motor durch die kinetische Energie des Autos zum Laufen zu bringen, sprich, es anrollen zu lassen und die Kraftquelle dann durch einfühlsames Kupplungsspiel zu aktivieren.

Dieses Unterfangen ging jedoch nur wenige Tage gut.

Sukzessive bildeten sich durch die tagsüber doch gewaltig zunehmende Sonneneinstrahlung Eisglasen, tiefe Eisrinnen in den Gassen und Straßen, wo dann für die Reifen kaum mehr Griffigkeit vorhanden war und so kein noch so guter fahrerischer Kunstkniff mehr etwas half. Haltlos rutschte man bergab, der Motor blieb stumm und der PKW mangels Antrieb irgendwo am Rande einer festgefrorenen Schneewechte liegen.

Daniel wurde aus Schaden klug und ließ sein Auto oft tagelang stehen; er pries die Tatsache, dass er ja auch etliche Bezirke im städtischen Bereich zu betreuen hatte, und ging schwer bepackt mit Ärztemustern und Präsenten zu Fuß oder fuhr mit der Straßenbahn.

Wenn sie fuhr …

Trotz aller oft widrigen Umstände zog es Daniel tagtäglich wieder in die Heimat; die noch recht junge oder fast schon jung gebliebene Liebe rief.

Gleich nach seiner Rückkehr ins gemeinsame traute Heim, nach wenigen Minuten der Besinnung, in denen Daniel noch die Windgeräusche der Autobahnfahrten unangenehm in den Ohren klangen und die Stirnhöhlen erneut zu schmerzen begannen, machte er sich auf den Weg zum unweit von seinem damaligen Zuhause gelegenen Wiener Allgemeinen Krankenhaus, wo Eva gerade an der berühmten Ersten Medizinischen Universitätsklinik ihre postgraduale klinische Ausbildung erhielt.

In wenigen Minuten würde ihr Dienst enden und die beiden dann gemeinsam den Heimweg antreten.

Dieses Krankenhaus bestach damals durch ein besonders im Sommer einladend hübsches Café mit großer Terrasse, wo es sich für Daniel oftmals lohnte, ein wenig früher als zum Dienstschluss der Freundin zu erscheinen, die beschauliche Ruhe dieses Ortes zu genießen und damit den letzten Resten des Klingens in seinen Ohren den Garaus zu machen.

Regelmäßig wenn er an einem Tischchen Platz genommen, seinen Kaffee bestellt und sich einmal wohlig zurückgelehnt hatte, erschien ein Mann mittleren Alters, bekleidet mit einem etwas abgetragenen, nein, eher schäbigen Anzug und einer für den Trend der damaligen Zeit viel zu schmalen Krawatte. Er pflegte sich auf einen der Nebentische zu setzen, eine zerlesene Zeitung aus einem fleckigen Aktenkoffer zu ziehen, umständlich seine dicken runden Brillengläser zu reinigen und beim jeweiligen Bedienungspersonal gleichzeitig zwei Viertelliter Rotwein in Auftrag zu geben, wobei er das erste Glas in einem Zug und das zweite dann nur mehr nippend zu sich zu nehmen pflegte.

Regelmäßig, am helllichten Nachmittag, ereignete sich das ganze Prozedere. Und genauso regelmäßig musste Daniel still in sich hineinlächeln.

Primär vermutete er in dieser Person einen altgedienten Kollegen aus der Pharmaindustrie, der seinem Frust über einen mehr oder weniger bescheidenen oder nervigen Arbeitstag an der Klinik mit Rotwein zu Leibe rücken musste. Belustigt berichtete Daniel einmal Eva darüber und deutete bei einer sich plötzlich bietenden Gelegenheit auf den Mann. Die Jungärztin stutzte, runzelte die Stirn und begann unvermutet hellauf zu lachen; handelte es sich bei der betreffenden Person tatsächlich um einen hochgeachteten Dozenten der Klinik.

Der Outsider

Jede Firma, die etwas auf sich hielt, ließ es sich nicht nehmen, ihren pharmazeutischen Außendienst in regelmäßigen Abständen, also etwa zweimal im Jahr, zu einer mehrtägigen Zusammenkunft zu laden, wobei der Sinn der ganzen Sache im Gedankenaustausch, in Erfahrungsberichten und vor allem in Produktschulungen lag.

So auch bei jenem Unternehmen, für das Daniel die Ehre hatte, tätig sein zu dürfen.

Aus allen Winkeln Österreichs kam sie da geströmt, die Kollegenschaft, die stolzen MitarbeiterInnen des wissenschaftlichen Außendienstes, wobei diese Bezeichnung zumindest für die damalige Zeit noch weitgehend zutreffend war, zumal alle in vielen Fachbereichen, was das oft hochkomplexe medizinische Umfeld betraf, mehr als gut ausgebildet und dementsprechend firm waren.

Einen gravierenden Unterschied gab es allerdings innerhalb der Kollegenschaft:

Es gab gute, talentierte Verkäufer, die das erwähnte fachliche Umfeld kaum oder gar nicht benötigten, und es gab solche, die das weniger gut konnten und mehr durch Wissen bestechen, einfach glänzen wollten. Daniel gehörte da leider zu den Letzteren.

Gut erinnerte sich Daniel noch an seine erste Tagung:

Etwas gehemmt, aufgeregt, aber voller Neugier lugte er herum und betrat die Seminarräume eines Nobelhotels im Großraum Wien.

Ein Teil der ihm noch nahezu unbekannten KollegInnenschaft eilte unter den Augen der Vorgesetzten geschäftig durch die Hallen, andere standen schwatzend in Gruppen herum; da ein besonders sonores Stimmorgan, dort zwei offensichtlich eher scheue Einzelgänger, die sich anscheinend gut kannten und sich beobachtend im Schatten einer Säule aufhielten; da ein „beau brummel", ein offensichtlicher Star, der im Besonderen von der Weiblichkeit bewundernde Blicke einsammelte, dort eine kurzberockte durchaus attraktive blonde Mittdreißigerin, der es offenbar soeben gelungen war, die komplette Chefetage um sich zu versammeln.

Daniel blieb ein paar wenige Augenblicke stehen, verharrte regungslos und versuchte die ganzen auf ihn einprasselnden Eindrücke im Zeitraffertempo zu verarbeiten.

Bevor dies aber restlos gelungen war, kamen bereits bekannte KollegInnen auf Daniel zu, grüßten freundlich und nahmen den jungen Kollegen unter ihre Fittiche.

Er fühlte sich nun wesentlich wohler und ergriff erleichtert eine ihm dargebotene Kaffeetasse.

Unentwegt redete man auf ihn ein, machte ihn mit diversen Gepflogenheiten vertraut, wies erklärend auf die eine oder andere im Raum befindliche Person, deutete hinter vorgehaltener Hand auf die eine oder andere mehr oder weniger junge Dame des Innendienstes. Man wies schelmisch lächelnd darauf hin, wie gerne jene spätabends in Alkohollaune herumflirte und welch leichte Beute sie dann für den männlichen Teil des Außendienstes wäre.

Immer wieder blieb Daniels Blick jedoch bei den beiden nicht mehr ganz jungen Herren haften, die sich leise plaudernd bei der Säule aufhielten.

Er fragte nach, wer denn dies sei, nichts davon ahnend, dass gerade diese beiden Herren in Hinkunft zu seinen besten Freunden zählen würden.

„Die zwei sind ohnehin von uns hier, im Osten; altgediente Kollegen ..."

Bevor Daniel allerdings genauere Informationen erhalten hatte, erhob sich eine schneidende Stimme, die mit aller Bestimmtheit aufforderte, den Sitzungssaal aufzusuchen.

So nahmen also die Dinge ihren Lauf.

Relativ rasch lernte Daniel die Leute kennen, deren Wesen und Eigenschaften, da temperamentvolle Ehrgeizbündel, dort ruhige, introvertierte, aber dennoch scharf beobachtende Typen. Man hatte schnell erfasst, wen die Chefetage mochte und wen nicht, welche Personen quasi auf der Abschussliste standen und welche als gefeierte Stars behandelt und auf Händen getragen wurden.

Der Neuling hielt sich zurück, beobachtete, unerfahren, wie er als Newcomer in der Branche nun mal war, und er lernte.

Der Insider

Mit den Jahren wuchs Daniels Erfahrungsschatz. Bald hatte er das Geschäft im kleinen Finger, wurde von mehreren Seiten, darunter auch von der Chefetage, als hochcharismatisch eingeschätzt, wurde oftmals als eine Art Mentor für junge, frisch in die Branche eingestiegene KollegInnen herangezogen.

Und doch wusste er, dass seine Tätigkeit letztlich nicht seine wahre Berufung war. Die Beförderung zum Betreuer der Opinion Leaders, zum Key Account Manager an den Kliniken gab Daniel zwar noch einmal einen gewissen beruflichen Kick. Die Arbeit mit klinischen Studien war für ihn ohne Zweifel reizvoll, doch der nunmehr knapp Fünfunddreißigjährige hatte auch hier, in diesem besonderen Bereich bald durchschaut, wie der Hase tatsächlich lief, wo die tatsächlich Mächtigen in der Branche zu finden waren. Und da halfen alle guten, mühsam aufgebauten und durchaus auf gegenseitigem Vertrauen beruhenden Kontakte im Zweifelsfall wenig.

Das Rennen machten dann trotz aller intensiver und ehrlicher Bemühungen andere, große internationale Konzerne.

Daniel hatte großen Respekt vor der Ärzteschaft an den Klinken, wusste durch viele Erzählungen Evas von der ungeheuren Verantwortung, die jene trug, wusste aber auch von vielen Hintergründen, die sonst eher niemandem bekannt waren.

Daniel wurde auf diese Weise zu einem Zweigeteilten.

Seine schon länger währende Ehe mit Eva, der tüchtigen und nun längst schon in der eigenen Praxis niedergelassenen Jungärztin, ließ ihn voll hinter dieser Berufsgruppe stehen und großes Verständnis für deren Sorgen und Nöte aufbringen. Für seinen Job waren diese Einsichten allerdings eher kontraproduktiv, zumal die meisten seiner Gesprächspartner im Laufe der Zeit über sein besonderes Naheverhältnis zur Ärzteschaft recht genau Bescheid wussten.

Daniels umfangreiche Kenntnisse von den ärztlichen Tätigkeitsbereichen ließen ihn oftmals zu einer Art Beichtvater werden, dem man seinerseits manch Sorge und Not aufladen konnte.

So dauerten Besprechungen der Studien länger, kosteten Daniel jede Menge mentale Kraft. Der nunmehrige Mittdreißiger konnte allerdings nicht anders; mit diesem Naturell war er geboren worden.

Dieser andauernde innere Zwiespalt zermürbte ihn jedoch mit den Jahren.

Indes blühte und gedieh Evas Praxis, ließ sich alleine nicht mehr ordnungsgemäß administrieren. Zusätzlich wurde der gemeinsame Sohn Richard gerade schulpflichtig.

Daniel erkrankte an den Windpocken, eine für Kinder in den meisten Fällen lächerliche Krankheit. Das Söhnchen hatte sie aus der Schule heimgeschleppt.

Was für Kinder einen Klacks darstellte, war für den Erwachsenen unter Umständen lebensbedrohlich.

Mehr im Jenseits als unter den Lebenden weilend schwor der Schwerkranke im Überlebensfall grundlegende Veränderungen in seinem Leben.

Und so geschah es.

Daniel schied aus der Pharmaindustrie aus und wählte eine Selbstständigkeit, die es ihm ermöglichte, auch Evas Praxisumfeld zu managen.

Niemals hatte er diesen mutigen Schritt bereut.

SCHNEE VON GESTERN

Das Holzgebälk ächzte; eisiger Wind pfiff um die Mauern des wuchtigen alten Bauernhauses.

Eva fröstelte. Sie stand auf, trat aus der Stube in den verwinkelten Flur hinaus und entnahm dem prachtvollen, mit Jagdmotiven von Hand bemalten Bauernschrank eine dicke Wolljacke. Rasch schlüpfte die kleine, zierliche Mittsechzigerin hinein und ging rasch in die Stube zurück, in der das Feuer im mächtigen Kachelofen und im Herd lustig knackte. Hier in der alten Bauernküche mit der großen Sitzgruppe im Herrgottswinkel war es doch wesentlich wärmer als draußen im Vorraum. Die Grauhaarige trat zum Fenster, schob den karierten Vorhang zur Seite und blickte hinaus in die unwirtliche Natur, versuchte hinauszublicken.

Erfolglos – schon wieder war das kleine Fenster völlig verschneit. Einzig der hoch aufgeschichtete Holzstoß in unmittelbarer Umgebung des Hauses war schemenhaft zu erkennen. Doch auch dieser hatte eine meterhohe Schneehaube.

Eva seufzte, zuckte mit den Achseln und ließ den Vorhang in seine ursprüngliche Lage zurückgleiten. Sie warf noch einen prüfenden Blick auf die vielen kleinen Pflänzchen, Gewürze, Blühpflanzen, die sie jetzt im Februar sorgsam in Tontöpfchen großziehen wollte und zu diesem Zweck in die weit mehr als einen halben Meter tiefen Fensterlaibungen gestellt hatte, um sie dann im Frühling hinaus ins Freie zu übersiedeln. Die ältere Dame runzelte die Stirn. Hoffentlich tat ihnen der kalte Hauch, der unaufhaltsam von draußen hereinkroch, nichts Böses an.

Dabei war es gar nicht so kalt. Es war bloß der stürmische Wind, der es so eisig machte, so unwirtlich, so ungemütlich.

Sie trat zur Seite, blickte nochmals besorgt zum Fenster zurück, drehte sich um, schritt zum Herd, ließ aus einer großen Kanne Wasser in einen metallenen Topf laufen und stellte diesen zu. Mit leicht säuerlichem Lächeln ließ sie das schwere Gefäß lautstark auf den mit Kelheimer Fliesen bedeckten Boden zurückgleiten. Leider waren nämlich wegen der vergangenen Kälteperiode im Jänner einige Teile die Wasserleitung eingefroren, die meterhohe Schneedecke hielt den Boden nun tiefgefroren und man musste also Wasser von einem noch funktionstüchtigen Wasserhahn im Keller mühsam die enge uralte Wendeltreppe hinaufschleppen.

Ein wenig missgelaunt hantierte sie mit den vielen Dosen der über die Sommermonate gesammelten Teekräuter herum, entnahm da eine Fingerspitze, dort einen Kaffeelöffel und tat zu guter Letzt eine halbe Handvoll schwarzen Tee in den Topf. Bald begann das Wasser zu sieden. Eva blickte auf die alte Pendeluhr mit dem so herrlichen dunklen Klang. Sie mochte so etwa dreihundert Jahre alt sein, hatten sachverständige Leute im Zuge einer Altersschätzung gemeint.

Es schlug vier Uhr. Eva langte auf eine Ablage neben dem Herd und drehte das dort befindliche Küchenradio auf. Ärgerlich klopfte sie mit dem Zeigefinger auf den Tisch und warf der Uhr einen bitterbösen Blick zu. Das Gangwerk ging schon wieder nach; die Nachrichten hatte sie verpasst.

Der Wetterbericht jedenfalls verhieß auch für die kommenden Tage mitten im Februar des Jahres 2025 nichts Gutes. Anhaltende und ergiebige Schneefälle im Norden des Bundesgebietes hieß es da.

Die Frau schüttelte den Kopf. So ging es nun schon zwei Wochen ohne nennenswerte Unterbrechung. Es hatte genau die Temperatur knapp unter dem Gefrierpunkt, wo die Schneefälle besonders ergiebig und die Schneelast am größten waren.

Bei den Verkehrsnachrichten drehte sie das Radio wieder ab. Das interessierte hier im obersten Waldviertel derzeit wirklich niemanden, zumal man die Häuser und Gehöfte ohnehin kaum mehr verlassen konnte. Dankbar dachte sie an die beträchtliche Menge an Vorräten, die in den Regalen der im Anschluss an die Stube befindlichen Vorratskammer und im Keller lagerten. Verhungern und verdursten würde man also mit Sicherheit nicht. Sogar an genügend Milch hatte man gedacht, obwohl man diese im Allgemeinen vom benachbarten Bauern problemlos und jederzeit beziehen konnte. Doch auch dieser war nun schon geraume Zeit nicht mehr erreichbar. Zu hoch lag der Schnee, zu kalt machte es der Sturm, der erbarmungslos mannshohe Schneemauern aufwehte.

Der Tee war bereit.

Eva öffnete die Stubentüre, huschte über den kalten Flur und klopfte lautstark an die wuchtige Türe des gegenüberliegenden Zimmers.

„Daniel, der Tee ist fertig! Kommst du?"

„Gleich, gleich … dieses Dokument möchte ich noch fertig lesen. Nur noch zwei, drei Minuten!"

„Ist recht…"

Eva kehrte erneut in die Stube zurück, goss das fertige Aufgussgetränk in große Tassen, griff nach dem Honigtopf und tat jeweils einen Kaffeelöffel davon hinzu.

Sie hörte die Türe des Nachbarzimmers lautstark knarren. Die Stubentüre öffnete sich und Daniel trat gebückt herein. Obzwar er es aufgrund seiner Körpergröße schon seit jeher gewöhnt war, bei Türdurchgängen instinktiv den Kopf ein wenig einzuziehen, so war das für den Mann hier in dem uralten Bauernhaus mit den besonders niedrigen Türen noch ein wenig schwieriger, gewöhnungsbedürftiger.

Eva lächelte mild in sich hinein.

„Was ist?"

„Ach nichts … Setz dich und trink heißen Tee. Ist dir nicht kalt im Arbeitszimmer?"

„Nein, geht so, der Ofen zieht vorzüglich."

Daniel nestelte ein wenig an seiner dicken Lederjacke herum, richtete umständlich den Kragen seines karierten Flanellhemds zurecht und zog eine Zigarettenpackung aus seiner Hosentasche, entnahm dieser einen Glimmstängel, führte ihn zum Mund und langte nach dem schweren silbernen Tischfeuerzeug, das in der Mitte des klobigen Eichentischs auf einem kreisrunden gehäkelten Deckchen stand. Er zündete die Zigarette an und warf seiner Gemahlin einen fragenden Blick zu.

„Magst du?"

„Nein, danke, später."

Eva hatte sich fest vorgenommen, ihren Nikotinkonsum drastisch einzuschränken.

„Sehr brav!"

Der groß gewachsene, stattliche, jedoch keineswegs korpulente Mann nickte anerkennend und wandte sich schweigend seiner vollen Teetasse zu. Gedankenverloren rührte er einige Male darin um. Dieses Animo hatte er derzeit nicht.

Zu beschäftigt war er mit umfangreichen Recherchen für sein neues Buch in Zusammenhang mit traditioneller bäuerlicher Kultur im oberen Waldviertel; unzählige alte Dokumente waren zu lesen, Fotos auszuwählen, Jahreszahlen zu überprüfen …

Da konnte, da durfte der blaue Dunst nicht fehlen.

Er war zugegebenermaßen gar nicht so unglücklich, das Gehöft aufgrund der herrschenden Witterung nicht häufig verlassen zu können. So konnte er vieles, was sich in den letzten Wochen und Monaten angesammelt hatte, aufarbeiten und wurde nicht andauernd mit neuem Material zugeschüttet, da auch die Postzustellung nur sehr eingeschränkt funktionierte.

Es war ein komplexes und gar nicht leicht zu bearbeitendes Thema, das er sich da aufgehalst hatte. Ihm, dem Erzähler aus der Großstadt, hätte es wohl besser gefallen, die ganze Sache in eine Großprosa hinein verpacken zu können. Sein Auftraggeber, eine Kulturabteilung der Niederösterreichischen Landesregierung, wollte das jedoch nicht. Es sollte ein reines, fast wissenschaftlich-nüchternes Sachbuch werden.

Ob man ihn da nicht ein wenig falsch eingeschätzt, seine Fähigkeiten zu umfangreicher historischer Recherche, seine Geduld darin überschätzt hatte?

Er hob den Kopf und blickte unsicher zu seiner Angetrauten, die es sich in der Zwischenzeit an der wärmsten Stelle der Eckbank, direkt unter dem mit Blumen geschmückten alten Kruzifix, gemütlich gemacht hatte und in der Tischlade nach ihrem Strickzeug kramte. Sie erwiderte seinen Blick mit aufrichtiger Festigkeit.

Weit über fünfunddreißig Jahre war er schon mit ihr verheiratet; eine halbe Ewigkeit; hatte alles mit ihr erlebt, Freude geteil, Kummer und jede Menge Schwierigkeiten durchgestanden, kannte jeden Blick von ihr und natürlich war es auch umgekehrt nicht anders.

Zärtlich, fast liebevoll strich er über den massiven Tisch, so als wollte er über die Entfernung hin diese Schwingungen zu seiner Frau leiten.

Sie schien es zu spüren, nahm ihrem Blick die Strenge, begann sanft zu lächeln und zwinkerte sodann ihrem Mann zu.

Daniel nippte an seiner Tasse und zog ruhig an seiner Zigarette.

Mit der Linken fuhr er sich durch sein schütteres weißes Haar und strich sich über seinen dichten Schnurrbart.

Er löste den Blick von seiner Angetrauten und ließ ihn durch die Stube wandern. Wunderschön war sie, die jahrhundertealte mittelbraune Holzdecke mit dem kunstvollen Schnitzwerk und der Jahreszahl 1607. Und erst der mächtige Kachelofen mit Wasserschiff und Bratröhre, dessen Entstehungszeitpunkt bis heute nicht ganz genau bestimmbar war …

Ein wenig niedrig waren ja leider die Räumlichkeiten für seine Körpergröße. Manchmal fühlte er sich da ein wenig gefangen und suchte zwangsläufig den Vergleich zu ihrem ehemaligen Stadtdomizil in Wien. Da waren die Räume hoch, Stuck an Decke und Wand; Helligkeit hatte alles durchströmt.

Die Ruhelage allerdings war dort ähnlich wie hier – und das mitten im Stadtzentrum.

Und auch der offene Kamin, der in der kalten Jahreszeit oftmals für besondere Gemütlichkeit gesorgt hatte, fehlte hier in dem alten Bauernhof ein wenig. Es fehlte auch jener zu einer lieb gewordenen Gewohnheit gewordene Gang in den Keller, um dort das schönste Holz für das offene Feuer auszusuchen, mit diesem in die Wohnung hinaufzufahren, es zu entzünden, auf die Heimkunft Evas nach Beendigung ihrer Ordination zu harren und das Abendessen vorzubereiten.

Jetzt wohnten schon seit geraumer Zeit der Sohn mit Frau und Tochter dort; zur rechten Zeit hatte man die Schenkung durchgeführt. Wenige Monate später hätte eine grundlegende Reform des Steuersystems eine derartige Transaktion zu einem unrentablen, weil viel zu teuren Unterfangen gemacht. Zigtausende

Euro hätte man plötzlich Schenkungssteuer bezahlen müssen. Der Staat brauchte dringend Geld, er war am Rande seiner Zahlungsfähigkeit und zumindest der Generationenvertrag musste erfüllt werden.

Erneut hob Daniel seine Teetasse und führte sie zum Mund. Langsam trank er sie leer, stellte sie sorgsam auf den Tisch zurück, schob den großen gläsernen Aschenbecher zu sich her und dämpfte seine Zigarette aus.

„Ich gehe wieder ins Arbeitszimmer zurück."

„Ist recht, mein Lieber."

Eva blickte kurz auf und sah ihrem Gatten, der sich gemächlich erhoben hatte und leise zur Türe schritt, ein paar Augenblicke nach. Er drehte sich noch einmal um und warf einen prüfenden Blick auf die Aussparungen neben und unter dem Herd. Gottlob, sie waren noch randvoll mit Brennholz. Daniel nahm seine Teetasse, trat zum Herd, überprüfte flüchtig den Inhalt der Teekanne, füllte die Tasse nochmals an und verließ damit, zufrieden vor sich hinsummend, den Raum.

Eva legte das Handarbeitszeug zur Seite und folgte ihrem Ehemann. Im Flur änderte sie allerdings ihre Gehrichtung und öffnete die Türe des Nebenraumes, dessen Holzdecke und Täfelungen wesentlich heller, also vermutlich jünger waren. Sie ging zu ihrem kleinen Schreibtisch mit dem beigestellten Karteikästchen und betrachtete unglücklich den Tischkalender, der dort stand. Sie strich einige darauf notierte Namen durch und wandte sich zu der blendend weiß bespannten Untersuchungsliege um, die sich gleich neben dem Tisch befand. Sie hob den Blick und betrachtete einige Zeit lang die an den Wänden montierten Holzregale, auf denen altes, vielleicht auch museumsreifes, zum Teil jedoch durchaus wertvolles medizinisches Instrumentarium bunt verteilt stand; eines der Steckenpferde der passionierten Sammlerin.

Die routinierte, fleißige und so pflichtbewusste Ärztin seufzte. Wie es wohl Frau Schneckling gehen würde? Sie hätte ja heute kommen sollen. Doch die Witterung machte das Unterfangen, die Anreise zu ihr, besonders für alte, kranke und besonders für gehbehinderte Menschen nahezu unmöglich.

Eva setze sich an den Schreibtisch, langte nach ihrem historischen Telefon mit großer Wählscheibe, das sie irgendwann einmal zufällig auf einem Flohmarkt erstanden und bis zur Funktionsfähigkeit hin restaurieren hatte lassen, und wählte eine Nummer.

„Es geht halbwegs … Gott sei Dank … ich melde mich wieder …"

Erleichtert legte Eva den Hörer auf die Gabel, fuhr sich durch ihr Haar und nestelte an ihren Ohrringen herum.

Eigentlich konnte sie recht zufrieden sein. Der Verkauf ihrer zwar nur durchschnittlich großen, durch niedrige Fixkosten aber höchst profitablen Stadtpraxis vor einigen Jahren war recht gut über die Bühne gegangen. Die Lage im Erdgeschoss, der behindertengerechte Zugang und das in großem Maß vorhandene, seit Ewigkeiten treue Stammklientel hatten einen guten Preis erzielt. So hatten sich alle Mühsal, alle Schwierigkeiten, aller Ärger in der Liegenschaft über Jahrzehnte hindurch letztlich doch gelohnt.

Eva hatte nicht nur gut verkauft, sie hatte gleichzeitig auch den Krankenkassenvertrag zurückgelegt und war genau zur rechten Zeit in Alterspension gegangen.

Mit dem Gutteil der finanziellen Mittel des Verkaufserlöses hatte man das Anwesen im Waldviertel sehr günstig erworben, das schöne uralte Bauernhaus mit dem Gemüsegarten, dem kleinen Kartoffelacker und dem von Nadelhölzern bestimmten Wäldchen, das in guten Jahren nicht nur Pilze in Hülle und Fülle, sondern auch ausreichend mehr als nur brauchbares Brennmaterial ablieferte.

Natürlich lernte man mit der Zeit sämtliche Schwammerlplätze, die vom Frühsommer weg bis in den Spätherbst reichen Ertrag brachten, kennen und schätzen. Da gab es im Juni und im Juli über viele Wochen hin Nester mit Pfifferlingen, mit den allseits beliebten Eierschwammerln, die mit ihren leuchtend gelben Hütchen aus dem meist dichten Moos hervorlugten. Im Hochsommer dominierten die Steinpilze, die am liebsten in den lichteren Regionen am Rande des Forstes wuchsen und oft stattliche Größen erreichten. Einmal, nach einem kräftigen Regenguss, fand Eva ein prächtiges, völlig schädlingsfreies Exemplar von weit über zwei Kilo Gewicht.

In Spätsommer und Frühherbst kamen die Maronenröhrlinge, Daniels Lieblingspilze, und die Parasolpilze tauchten auf, die paniert und in heißem Fett herausgebacken eine Delikatesse abgaben.

In dem Waldstück fanden sich jedoch auch einige Laubbäume, Buchen, Eichen und einige Birken, wo sich im Spätsommer die Rotkappen und im Laufe des Herbstes die zwar wenig appetitlich wirkenden, jedoch umso besser schmeckenden schwarzen Herbsttrompeten einfanden.

Die Schätze, die der Wald hervorbrachte, wurden zumeist getrocknet, in Stoffsäckchen gelagert und reichten bei ergiebigem Ertrag oftmals bis weit über die Winterzeit hinaus.

Am Rand des kleinen Forstes befanden sich Brombeerranken und Himbeeren, die sich jedoch den Ersteren zumeist geschlagen geben mussten. Sie wurden oft einfach überwuchert und mit der Zeit verdrängt.

Auch der kleine Kartoffelacker brachte guten Ertrag, so viel, dass man die Kinder in der Stadt mitversorgen konnte. Bei deren regelmäßigen Besuchen war zur Heimfahrt der Kofferraum ihres PKWs zumeist prall gefüllt mit jenen Gütern des täglichen Lebens, die die Eltern auf ihrem Anwesen erwirtschafteten; zu viel, um sie selbst verbrauchen zu können. Und auch die Qualität, die Sicherheit der Herkunft und die liebevolle Pflege sprachen für sich.

Am Rande des Ackers hatte Eva Johannisbeerstauden gepflanzt. Die aus den Beeren erzeugte Marmelade war aufgrund deren herber Säure ein unverzichtbarer Bestandteil delikaten Backwerks. Und auch der fein herbe Saft schmeckte allen.

Mit den restlichen Mitteln des Verkaufserlöses hatte man etliches stilgemäß umgebaut, aber auch Stromleitungen verstärkt, um nicht zur Gänze von den festen Brennstoffen abhängig zu sein, die wunderschöne Wohnküche, ebenso die alte Stube und die Sanitärräume einem gewissen Standard angepasst; und viele alte schon im Haus befindliche Möbel hatte man recht aufwendig renovieren lassen.

In dem Raum, in dem sich Eva nun befand, hatte sie sich eine kleine Privatpraxis eingerichtet, wo sie ihrer Berufung auch im Ruhestand Folge leisten konnte. Da durch die gute Altersvorsorge speziell in dieser preislich günstigen Region nicht unbedingt große finanzielle Herausforderungen bestanden, beschränkte sie sich darauf, nur schmale Honorare zu verlangen, die jedermann bezahlen konnte. Stattdessen nahm sie Naturalien aller Art, Dinge des täglichen Lebens, Milch, Mehl, Fleisch, Gemüse, das man nicht selbst hatte, aber auch so manche Dienstleistung von pensionierten Professionisten als Ersatz gerne und dankend an. In den wenigen Jahren war sie trotz ihrer manchmal etwas rauen Schale als Hinzugereiste eine anerkannte Größe geworden.

Bei Daniel hatte sich die Sache ähnlich verhalten. Mit dem Wegfall der Ordination seiner Frau, deren Finanzverwaltung und Organisation einen Gutteil des Umsatzes seiner kleinen, aber feinen Firma ausmachte, liquidierte er diese und ging ebenso in den Ruhestand.

Die zahlreichen Bücher, die der nebenberufliche Schriftsteller schon viele Jahre lang auf dem Markt hatte, verkauften sich zwar immer wieder, konnten aber den familiären Lebensunterhalt niemals ausreichend finanzieren, gaben immer nur eine gewisse Zubuße ab, was letztendlich auch nicht wirklich tragisch war.

So hatte es Daniel mit den Jahren auch überwunden, sein Studium schon recht frühzeitig an den Haken gehängt zu haben. Einzig die Tatsache, dass er all die vielen für seine selbstständigen Tätigkeiten notwendigen, letztlich auch mit ausgezeichnetem Erfolg bestandenen Prüfungen erst später als Familienvater in Angriff genommen und sich in dem schon etwas fortgeschrittenen Alter natürlich schon etwas schwerer getan hatte, störte ihn im Nachhinein ein wenig. Allerdings hatte er durch für ihn ungewohnte Zielstrebigkeit und Fleiß das Sprüchlein mit dem Hänschen und dem Hans dadurch gründlich widerlegt.

Hin und wieder hatte er nachgegrübelt, ob seine so schräge und so schwierige, letztlich wahrscheinlich wertvolle Jahre verschlingende Beziehung zu Sylvia und die damit zusammenhängenden Alkoholexzesse in der Studienzeit an den damaligen Misserfolgen schuld gewesen waren, oder eben nur seine damalige unerträgliche Faulheit. Wahrscheinlich war es beides gewesen und kein Mensch, nicht einmal er selbst, würde es jemals zur Gänze ergründen können.

Was wäre wohl gewesen, wenn es nicht die kleine, zierliche und doch so starke Eva, die ihn zeitlebens immer kräftig in den Allerwertesten getreten hatte, als seine Lebenspartnerin gegeben, er sie nie kennen und lieben gelernt hätte?

Nicht auszudenken ...

Jedenfalls hatten man durch jahrelanges vernünftiges Wirtschaften, sparsamem Umgang mit den vorhandenen Ressourcen, gute Vorsorge und einer nicht unbeträchtlichen Erbschaft ausreichend ruhende finanzielle Mittel auf der hohen Kante. Diese wurden nicht angetastet und ruhten aufgrund der jahrzehntelangen Niedrigzinspolitik der Banken und dem Schreckgespenst der immer wieder drohenden Negativzinsen in einer jahrhundertealten mit Gusseisenschlössern schwer beschlagenen Truhe im Wohnzimmer des Bauernhauses in einem geräumigen Abteil unterhalb der Münzenkollektion, der Briefmarkensammlung und dem wertvollen, wohlgeordneten und sorgsam polierten, zum größten Teil antiken Familienschmuck als bares Geld. Fast regelmäßig lächelte man insgeheim darüber, wenn man bei irgendeinem Anlass an den alten Spruch „auf den Hund gekommen ...“ erinnert wurde. Hoffentlich würde es nie dazu kommen.

Die Vorzeichen standen allerdings gut; der Boden der Geldtruhe war schon vorweg mit keiner Darstellung eines Hundes bemalt.

Die große Liegenschaft, die stolze Stadtwohnung, besaßen und bewohnten ja Sohn und Familie, die gleichzeitig das Erbe des Großvaters, das Haus in den Alpen der Steiermark, entweder selbst nutzten oder an Bekannte und Freunde als Ferienhaus vermieteten.

Das ebenfalls in Familienbesitz befindliche Gassenlokal im Wiener Wohnhaus hatte man an eine Paketdienstleistungsfirma vermietet, was aufgrund der idealen verkehrstechnischen Lage mehr als nur eine weitere Zubuße zu den Ruhestandsgeldern Evas und Daniels bedeutete.

Der Siebenundsechzigjährige trat zum prächtigen Kachelofen, der sein Arbeitszimmer und auch das Wohnzimmer, das bei Bedarf, wenn zum Beispiel die Kinder auf Besuch kamen, auch als Gästezimmer fungieren konnte, ausreichend beheizte, bückte sich hinunter zu den dort aufgeschichteten Holzprügeln, öffnete das Ofentürchen und legte nach. Unverzüglich begann es gemütlich zu knistern und zu knacken. Der Ofen strahlte eine behagliche Wärme aus.

Daniel blickte sich zufrieden in seinem Arbeitszimmer um. Da war der eine massive, mit Hochzeitsmotiven bemalte Bauernkasten, der unter anderem seine umfangreiche Schallplattensammlung, Hunderte CDs, aber auch die vielen alten wertvollen Notenbücher und Albumblätter beherbergte, die er selbst gesammelt oder von seiner von ihm auch schon zu deren Lebzeiten hochverehrten Schwiegermutter Stück um Stück geschenkt bekommen hatte.

Daneben stand die niedrige Jugendstilkommode mit Plattenspieler, HIFI-Anlage und CD-Player, die man aus der Stadtwohnung mitgenommen hatte. Irgendwann in den Achtzigern des vergangenen Jahrhunderts hatte man sie aus einem Dachboden vor dem Verkommen gerettet, gereinigt, restauriert; jahrzehntelang hatte sie als Musikschrank gedient, so auch jetzt.

Auf der anderen Seite des Raumes befanden sich stilistisch zum Ambiente des großen Zimmers passende Bücherregale, eines Raumes, der wohl in früheren Zeiten als Wohnbereich einer Großfamilie gedient haben dürfte. Da standen neben den eigenen Werken vielerlei verschiedene zum Großteil hoch dekorative Bände, die man nach den diversen Erbschaften ausgewählt und hierher ins Waldviertel übersiedelt hatte. Unter dem einen der drei kleinen Fensterchen stand sein Art-Deco-Schreibtisch – auch ein wertvolles Möbelstück, das man aus der Stadtwohnung mitgenommen hatte. Auf diesem stand sein Laptop, ein Tastentelefon und eine Tischlampe, die das insbesondere in der finsteren Jahreszeit oft mangelhafte Licht von draußen ersetzte, was zwingend notwendig war, zumal Daniels Sehkraft schon geraume Zeit nicht unbedingt die beste war.

Gleich daneben befand sich ein weiterer, ein etwas kleinerer Bauernschrank mit Naturmotiven, der als Aufbewahrungsstätte für alle wichtigen persönlichen Dokumente, Verträge, die Manuskripte seiner Bücher, alle notwendigen Steuerunterlagen und für das diverse Büromaterial diente. Sodann war eigentlich nur noch Platz für seinen Schreibtischsessel, ein Erbstück vom Urgroßvater seiner Frau. In der Zimmermitte hing ein wuchtiger schmiedeeiserner Luster von der Decke herab, haargenau so tief herab, dass Daniel seinen Kopf nicht über Gebühr einziehen musste, um nicht daran anzustreifen und sich eine böse Beule zu holen. Jahrzehntelang war dieser im Hinterzimmer von Evas Ordination gehangen. Über der Türe war letztlich Daniels Saxofon in seiner Halterung dekorativ an der Wand montiert.

Hin und wieder spielte der ältere Mann noch, doch mangelte es ihm an der nötigen Übung, und so klang das, was das Instrument hervorbrachte, zumeist nicht sehr erbaulich. Einige Zeit lang trug man sich innerhalb der Nachbarschaft mit dem Gedanken, zum Spaß eine Band zu gründen. Nur war der Musikgeschmack der ihn umgebenden Dörflichkeit nicht unbedingt der seine. So blieb es vorerst bei dem Vorhaben, was Daniel letztlich leidtat, weil er nun wieder keine Motivation zum regelmäßigen Üben bekommen sollte.

Viel Platz war nun letztlich nicht mehr in dem großen, jedoch recht gedrungenen Raum. Die gemütliche Sitzgruppe und das TV-Gerät befanden sich im Wohnzimmer, ebenso Glaskästen mit den prachtvollen, aus dem 19. Jahrhundert stammenden böhmischen Goldrandgläsern, dazu ein Doppelklappbett und ein bequemes Sofa. Ja und die fest verschlossene Truhe stand noch dort; auf ihr immer eine große Vase mit saisonalem Blumenschmuck.

Die vielen zum Teil von den verschiedensten Vorfahren selbst gemalten oder geerbten, zum Großteil jedenfalls keineswegs wertlosen Gemälde hatte man nach Gutdünken in allen Wohnräumlichkeiten verteilt.

Daniel setzte sich an seinen Schreibtisch, zog einen gewaltigen Packen Dokumente aus einer der Laden, setzte seufzend seine stärkste Lesebrille auf, knipste die Schreibtischlampe an, begann zu sortieren, zu lesen, zu verwerfen, nahm dann und wann seine Kamera zur Hand, fotografierte das eine oder andere Artefakt, stand zwischendurch das eine oder andere Mal auf, öffnete fast beiläufig den Schrank mit seiner Plattensammlung, griff hinein, zog wahllos eine Vinylscheibe heraus und legte sie auf das Abspielgerät.

Neil Diamonds „Beautiful Noise" …

Daniel nickte zustimmend. Ewig lange hatte er diese Platte nicht mehr gehört. Irgendwann hatte er die Scheibe in nahezu neuwertigem Zustand auf einem Flohmarkt erstanden. Er wusste nicht mehr, wann und wo. Er wusste nur mehr, dass er damals in Windeseile zugegriffen und das Vinyl um mehr als günstiges Geld bekommen hatte.

Günstiges Geld … Damals, in den 70ern, als dieses Album entstanden war, hatte der Erwerb einer solchen Platte fast ein Monatstaschengeld verschlungen.

Daniel entnahm der breiten Lade mit den Rauchutensilien im oberen Bereich des Musikschrankes eine Pfeife, führte sie kalt zum Mund und zog, kaute daran, nur so zum Vergnügen, zur Beruhigung.

„Lady Oh" …

Wie lange schon hatte er den Song mit dem wundervollen Saxofonsolo nicht mehr gehört. Erinnerungen keimten in ihm auf; Erinnerungen an die 70er, an die Jugend, an eine wilde, eine verrückte Zeit voller Ausschweifungen, Dummheiten, Emotionalität und Musik. Er hörte kurz in sich hinein, wartete auf Schmetterlinge in seinem Bauch. Doch er wartete vergebens …

Er schob die Gedanken weg, hob seinen Blick und betrachtete stattdessen wie schon so oft in seinem Leben Hoefnagels Vogelschau des spätgotischen Wien. Daniel lächelte in sich hinein. Sein ganzes Leben lang hatte ihn dieser schöne, leider nun schon etwas nachgedunkelte, vielleicht auch ein wenig verschmutzte Stich schon begleitet.

Während der Kindheit und Jugend war er in voller Helligkeit und Pracht im Wohnzimmer der elterlichen Wohnung gehangen, war dann in der frühen Adoleszenz in sein Jugendzimmer übersiedelt, hing dann über dreißig Jahre lang im Salon der prächtigen Stadtwohnung – am selben Platz, über dem Musikschrank. Jetzt befand er sich hier, im Waldviertel – eine Erinnerung an seine Heimatstadt, wie eine Mahnung an Treue zu den Wurzeln.

Erneut trat der Weißhaarige an seinen Schreibtisch, beugte sich über diesen hinweg, zog die bunt karierten Vorhänge am Fenster ganz zur Seite und blickte in die unwirtliche tief verschneite Wildnis hinaus. Es schneite so dicht und es wehte dermaßen, dass man nicht einmal das kleine Waldstück wahrnehmen konnte, das in Rufweite hinter dem Bauerhaus lag. Er kaute ein wenig an seinem Pfeifenstiel herum und neigte sinnierend den Kopf.

Unvermutet zog er an einer anderen Lade, kramte eine alte Ledermappe hervor und begann interessiert darin zu blättern. Da waren Postkarten, farbige Erinnerungen an Urlaube, an längst Vergangenes, Ansichtskarten, die man ihm zu jenen Zeiten geschickt hatte, als es noch keine elektronischen Medien gab.

Vorsichtig blätterte er weiter und nahm letztlich einen vergilbten Brief heraus, dessen Marke schief geklebt und dessen Inhalt sichtlich schlampig zusammengefaltet war; jenen für viele Jahre seiner späten Jugendzeit bestimmenden Brief, jenen Brief, der ihn für lange Jahre seines weiteren Lebens in Zusammenhang mit zwischenmenschlichen Bindungen überaus vorsichtig und zurückhaltend hatte werden lassen.

Er hatte ihn aufbewahrt; jahrzehntelang hatte das beschriebene Papier in seinem Kuvert geruht. Gelesen hatte er das Schreiben Ewigkeiten schon nicht mehr.

Wozu auch? Schnee von gestern …

Daniel drehte den Brief ein paarmal um, las einige Male den Absender, staunte über die ausgeschriebene und gar nicht mädchenhafte Schrift der damals einundzwanzigjährigen Adressantin, versuchte die Rückseite des Kuverts aufzuklappen, doch er scheiterte. Die lange Zeit der Aufbewahrung, des ungestörten Ruhens in der schmalen Mappe hatte das Poststück wieder zugeklebt, verklebt.

„Gut so …"

Der weißhaarige Herr nickte und legte den Brief wieder an seinen ursprünglichen Platz zurück. Er klappte die Mappe zu und verstaute sie wieder in der Lade.

Nachdenklich blickte er auf, wischte die Gedanken mit einer kurzen Handbewegung weg und sah erneut zum Fenster hinaus.

Daniel schüttelte den Kopf.

Es war nun schon das zweite Jahr in Folge, dass der ausgehende Hochwinter hier im Norden Österreichs derartige Kapriolen schlug.

Ganz anders war die Lage in den Zentralalpen und im Westen des Bundesgebietes. Da war es trocken und viel zu warm, so warm, dass oftmals nicht einmal die Beschneiungsanlagen zum Erzeugen des heiß ersehnten Schnees aktiviert werden konnten. Naturschnee kam ohnehin nur mehr im Hochgebirge vor, und tiefer gelegene Skiregionen hatten gänzlich das Nachsehen. Da hatte man schon etliche Jahre zuvor die Liftanlagen stillgelegt, zumal sämtliche artifizielle Maßnahmen zur Erzeugung von Kunstschnee viel zu teuer und die Auflagen des Naturschutzes immer strenger geworden waren. Übrig geblieben waren vorerst, Sommer wie Winter, braune Pisten, die die Wälder und Fluren durchschnitten, unbrauchbar geworden, unansehnlich, ein sinnloses Relikt unmäßiger Zeiten.

Das wollte niemand sehen.

Die Leute fuhren zum Wintersport dorthin, wo es einigermaßen schneesicher war. Diese überrannten Regionen im Hochgebirge hatten die finanziellen Mittel zum Ausbau der Anlagen und waren natürlich stets völlig ausgebucht und sündhaft teuer.

Einmal im Jahr, immer Mitte März, wenn die seit Jahren besonders im Spätwinter vermehrt erschienenen Adriatiefs gerade ihre Schneemassen ausgelassen hatten, ließ es sich das Ehepaar nicht nehmen, eine Woche auf Skiurlaub in die Hochalpen, in das traumhafte, kleine, übersichtliche, doch extrem hochalpine Skigebiet im südlichen Österreich zu fahren. Dort war man seit Jahrzehnten Stammgast und hatte den entsprechenden finanziellen Bonus. Außerdem kannte man so ziemlich jeden der Ortsansässigen. Es war zumeist lustig, unterhaltsam und man genoss es einfach.

Trotzdem seufzte Daniel und sah ein wenig traurig zu Boden. Er dachte an den Sohn, die Schwiegertochter, aber auch speziell an die nunmehr sechsjährige Enkeltochter, die süße, heiß geliebte Leni, die demnächst ihre ersten Schulferientage im Haus draußen in den steirischen Bergen, nur wenige Autominuten von ehemals beliebten Skigebieten und eine gute Autostunde von der Großstadt entfernt, verbringen würde. So sehr würde er ihr, der kleinen Prinzessin, ein paar herrliche Skitage gönnen, doch nichts ging dort mehr, die Skigebiete waren verwaist, die Liftanlagen rosteten nutzlos dahin, verunstalteten die Landschaft und das ohnehin nicht mit ausreichend finanziellen Mitteln gesegnete Gebiet lebte in Stillstand und Rückschritt. Gebäude verfielen, immer mehr Menschen wanderten in die Ballungszentren ab. Die Natur allerdings konnte sich mit der Zeit erholen und Daniel wartete nur mit Schrecken darauf, dass findige Immobilienhaie die gesundende Natur und das geänderte wärmere Klima aufspüren, neue Hotelbauten wie Pilze aus dem Boden schießen und mit einer Unzahl an günstigen Angeboten das ganze Jahr über locken würden.

Daniel wandte sich vom Fenster ab, blickte zur Decke hinauf und wanderte einige Male ruhelos hin und her. Die Holztäfelungen des Plafonds waren noch dunkler als die in der Stube, das Schnitzwerk einfacher und die Rosetten klobiger. Oberhalb der schweren Türe über dem Saxofon war die eingekerbte Jahreszahl 1567 zu erkennen. Dieser Raum schien also der älteste des Hauses zu sein, älter als die Stube und die anderen Zimmer, wobei ihr derzeitiges Schlafzimmer und die Sanitärräume, die ehemals Teile von Stall und Scheune gewesen sein dürften, offenbar schon Generationen zuvor in den menschlichen Wohnbereich einbezogen worden waren.

Ganz ähnlich verhielt es sich mit dem Rest, eigentlich dem größeren Teil der ehemaligen Wirtschaftsräume des Hofes, die vom Vorratsraum aus erreichbar waren. Hier befanden sich ehemals rostige Traktorenteile, alte Holzschlitten, Zaumzeug und vieles andere unbrauchbar gewordene Material zu Feldarbeit; ein buntes Sammelsurium.

Eva und Daniel ließen gewissenhaft räumen, stellten vieles unentgeltlich den diversen Heimatmuseen zur Verfügung und verwendeten den entstandenen Platz seither als großzügige Garage.

Das steil aufragende, mit Holzschindeln gedeckte Dach des Hofes barg einen geräumigen Dachboden unter sich, der jedoch zum Leidwesen seiner Bewohner nur von der neu entstandenen Garage aus über eine steile Treppe erreichbar war. Dort befand sich jede Menge Gerümpel, zum Teil aus grauer Vorzeit. Das Ehepaar hatte sich bislang nicht dazu durchringen können, das alte Zeug zu sichten, zumal die Räumlichkeit keine Beleuchtung besaß.

Eva hasste die Treppe. Lange Zeit schon hatte sie Probleme mit ihren Kniegelenken, was auch der Grund dafür war, dass sie unbedingt ein ebenerdiges Haus wollte, wo sie auch später, in noch höherem Alter, keine Stiegen würde steigen müssen.

So ließ man den Dachboden einfach beiseite und betrachtete ihn als eine Art Niemandsland.

Zu Anbeginn sorgte sich Daniel um das Schindeldach, bangte um dessen Instandhaltung und um die wahrscheinlich in baldiger Zukunft anstehenden Reparaturen.

Sehr bald jedoch fand man in nicht allzu weiter Entfernung, unweit der benachbarten Bezirkshauptstadt, einen Tischler, der sich auf dieses Fachgebiet spezialisiert hatte.

Einmal jährlich kontaktierte man ihn. Verlässlich kam dieser, überstieg das Dach, untersuchte akribisch das Holz, erneuerte da oder dort ein Stück und war regelmäßig begeistert von der Qualität der jahrhundertealten Deckung.

Eva und Daniel waren dementsprechend beruhigt, obwohl die Erhaltung dieses für den Hof so wichtigen und kulturhistorisch seltenen Guts nicht unbedingt preisgünstig war.

Einmal mehr fuhr sich der ältere Herr durch sein schlohweißes Haar und seufzte.

Einsam war es hier, sogar einsamer als früher in der Großstadt, wo man aus geschäftlichen und sozialen Gründen Lokale, Gasthäuser, Cafés der unmittelbaren Umgebung nicht unbedingt aufsuchen sollte, dort kaum Freunde oder Bekannte treffen konnte.

Eva wollte das nicht, sie lehnte es sogar kategorisch ab, zumal sie immer wieder angeblich erkrankte Patienten dort antraf, Patienten, die sich deshalb im Krankenstand befanden und eigentlich das häusliche Bett hüten hätten sollen. Diesen war das unerwünschte Zusammentreffen unangenehm und der so grundsatztreuen Hausärztin um nichts weniger.

Nur einmal, einmal in der Woche hatte Daniel über viele Jahre hindurch ein beliebtes Gasthaus in unmittelbarer Umgebung der Wohnung besucht, sich dort mit Vater und Sohn zum Gedankenaustausch getroffen, nur eine Stunde lang, auf ein gutes kühles tschechisches Bier. Die über viele Jahre andauernden Treffen der drei Generationen waren dort bald zu einem Faktotum geworden.

Hier aber, in der weit zerstreuten Rotte, gab es gar kein Lokal.

Das nächste Gasthaus war erst in der benachbarten Ortschaft zu finden, die jedoch nur nach ausdauerndem Fußmarsch oder mit einem Fahrzeug erreichbar war.

Die Gaststätte war alt, jedoch gepflegt und riesengroß, hatte einen eindrucksvollen Veranstaltungssaal mit Bühne, der besonders zur Ballsaison im Jänner und im Februar völlig ausgelastet war. Zumal das Lokal direkt gegenüber der Kirche gelegen war, fanden dort natürlich auch Hochzeitsfeiern, Taufen und auch Trauerfeierlichkeiten statt.

Alle zwei Wochen gab es auch eine Art Stammtisch, wo neben Daniel der Bürgermeister, der Direktor der Volksschule und gegebenenfalls auch der Pfarrer und einige Geschäftsleute der näheren Umgebung anwesend waren. Es war zumeist recht nett, manchmal ging es auch hoch her.

Rasch hatte sich der Fremde mit den Gepflogenheiten der Ortsansässigen arrangiert, zeigte Verständnis für so manch derben Spruch und rustikalen Witz, lachte mit, dachte mit, versuchte sich den für ihn neuartigen Problemen der Ansässigen zu stellen, sich damit auseinanderzusetzen und gewann auf diese Weise rasch Sympathien.

Jetzt aber, wo alles zugeschneit war und der Sturm blies, war an ein derartiges Zusammentreffen nicht zu denken.

Die Zeit schien stillzustehen.

Und auch den Kindern war es unter diesen Umständen nicht zuzumuten, ihren monatlichen Besuch abzustatten. Man telefonierte stattdessen etwas mehr miteinander.

Eva hatte es ein wenig leichter. Abgesehen davon, dass sie ohnehin kein besonders geselliger Mensch war, hatte sie die meiste Zeit über Kontakt zu ihren treuen Privatpatienten und kam mit den Bäuerinnen der benachbarten Gehöfte ganz gut zurecht, holte oftmals Tipps für ihre zweite Passion, die Pflanzenaufzucht, ein und gab ebenso hilfreiche Ratschläge weiter. In der warmen Jahreszeit sah man sie oftmals mit den ältlichen Frauen der Umgebung in lebhafte Unterhaltung vertieft im Gemüsegarten oder bei den prachtvollen Blumenbeeten rund ums Haus, um die sie überall in der Gegend beneidet wurde, stehen.

Ihr „grüner Daumen" war überall geschätzt und anerkannt.

Und auch in den hölzernen Fensterkistchen des weiß gekalkten wuchtigen Bauernhofes prangten im Sommer die bunten Blumen, sodass das Gehöft recht auffällig und ganz im Gegensatz zu den anderen weit verstreuten, zum Teil von Waldstücken verdeckten Häusern und Höfen schon aus der Ferne sichtbar war.

Allerdings wandelte sich Jahr für Jahr ein wenig das Gesicht der Streusiedlung. Angespornt durch Evas Geschick und vielleicht auch ein wenig neidisch, hatten sich mit der Zeit einige andere Nachbarn zu verstärktem Blumenschmuck ihrer Häuser und Gärten durchgerungen.

Auch dem Bürgermeister und anderen maßgeblichen Leuten in der Gemeinde schien diese neue, für das weit zerstreute Gemeinwesen, das touristisch in keiner Form erschlossen war, eher ungewöhnliche Entwicklung durchaus zu gefallen. Manchmal sprach man sogar am Stammtisch davon.

Plötzlich wollte so mancher Bauer das eine oder andere verzichtbare Zimmer als Gästezimmer vermieten, doch man riet den guten Leuten vonseiten der Gemeindevertreter ab, hätte man ja angeblich nur unnötige Scherereien damit.

Daniel pflegte den Baumbewuchs, die beiden üppig tragenden Apfelbäume, die hübsche Birne mit eigenwillig geformter Krone, den Zwetschken- und den Nussbaum, Fliederhecke und Haselnussstrauch, die allesamt die Hofzufahrt, eine schmale Asphaltstraße, säumten. Einige Meter nach links und auch nach rechts hin prangte in der warmen Jahreszeit eine nicht allzu große, jedoch völlig naturbelassene Blumenwiese, die sich bis zu den mit Granitsteinen eingefassten Blumenbeeten in unmittelbarer Nähe des Hauses erstreckte. Dort stand auch eine hölzerne Sitzgruppe mit klobigem Eichentisch, die von einer Laube geschützt war.

Der wilde Wein, der dort emporwuchs, leuchtete im Herbst in herrlichem Rot.

Eva hatte es so gestaltet, dass man an schönen Sommerabenden Speis und Trank von der Stube aus in die Tiefen der Fenster stellen und die Köstlichkeiten von draußen mittels weniger Schritte und ohne Mühe erreichen und zu Tisch bringen konnte. Man ersparte sich dadurch den Weg durch das Haus.

Manchmal kamen der Förster mit Familie und auch andere Nachbarn vorbei, nahmen gerne Platz und ließen sich in dem kleinen Paradies ein wenig verwöhnen.

Besonders dem Förster schien die Gestaltung des Hofes und die dort herrschende Gemütlichkeit zu gefallen. Zudem schätzte er durchaus die Feinheiten aus dem Weinkeller des Hausherrn, manchmal schickte er sogar seine Familie heim und blieb noch länger bei Daniel sitzen. Immer wieder sprach dieser davon, wie gerne sein eigener Vater Förster geworden wäre.

Einige Meter vor der so malerisch gestalteten Zufahrt entfernt gabelte sich die Straße, führte links neben dem Hof vorbei, gabelte sich hinter dem Anwesen erneut, wobei sie sich nach einer Rechtskurve in einem breiten Feldweg verlor, der entlang des Kartoffelackers in den kleinen Forst hineinführte.

Direkt an der zweiten Straßengabelung stand ein etwa ein Meter hohes, steinernes Kruzifix, vermutlich aus Granitgestein. Dieses war mit einem verwitterten Schriftzug und möglicherweise auch mit einer Jahreszahl versehen. Beides war zu Daniels Leidwesen gänzlich unlesbar. Alle Versuche einer Entzifferung, jeder Versuch, über das Gemeindeamt oder auch über das Bezirksarchiv zu einer Lösung zu gelangen, war bislang fehlgeschlagen. Und auch die diesbezüglich leider wenig interessierten Nachbarn wussten nichts über Herkunft und Datierung des auffälligen Kreuzes.

Vom Waldesrand weg wurde jedenfalls der Weg immer schmäler, wurde zum Pfad und leitete letztlich zu einer Futterkrippe, die Daniel mit Sorgfalt betreute.

Ab dieser Stelle war der Weg zu Ende; dichtes Unterholz machte ein Weiterkommen schwierig.

Rehe wurden hier häufig gesichtet, Wild, das gar nicht besonders scheu war. Man konnte fast annehmen, dass den Tieren die wenigen Menschen, die sich hierher verirrten, an einem Ort, wo sich letztendlich Füchse und Hasen Gute Nacht sagten, nicht ganz unbekannt waren.

Vom Steinkreuz nach links weg führte die Straße über eine Geländekuppe weiter, schlängelte sich zwischen Wiesen, Äckern und Wäldern entlang bis hin zum nächsten größeren Gehöft, das etwa eine knappe halbe Gehstunde entfernt lag.

Im großen Keller des Hauses ruhten im Winter jene von Evas Pflanzen, die nicht winterfest waren. Da standen unter anderem sorgsam zurückgeschnitten die Oleander und die Fuchsienhochstämme.

Ein weiterer Teil des Kellers beherbergte Daniels Stolz, seine Weinsammlung, die er zum großen Teil aus dem Keller der Stadtwohnung hierher übersiedelt hatte. Den anderen, den etwas kleineren Teil hatte er in Wien und dem Sohn zu Pflege, Ausbau und zum Konsum überlassen.

Bis in das Jahr 1979 datierten die besten Jahrgänge seiner edlen Rotweine zurück.

Daniel schätzte es auch weiterhin, neue Weine zu kosten und zu besorgen. Und er musste dafür gar keine großen Strecken mehr fahren. In weiten Teilen des nördlichen Kamptals und auch am Nordwestabhang des Manhartsberges reiften bereits edle Tropfen. Immer weiter nach Nordwesten hin dehnten sich die

Möglichkeiten zum Weinbau aus. Und gerade hier wuchsen bei dem seit Jahren herrschenden Klima genau jene fruchtigen und rassigen Trauben, die Daniel so sehr schätzte, Weine, die es bislang nur im Großraum Wien und im Weinviertel gegeben hatte.

Den klimatischen Veränderungen gehorchend hatte Daniel entlang der Südmauer des Bauernhofes eine bescheidene Anzahl verschiedener Weinstöcke gesetzt. Lange Jahre schon hatte er von einem eigenen Weingarten geträumt, einer kleinen Kellerei, nur als Hobby und zum eigenen Bedarf.

Zu einem eigenen Weinkeller war es jedoch nie gekommen.

Stattdessen hatte sich Daniel allerdings die Eindrücke, die er vor vielen Jahren auf der steirischen Riegersburg gewonnen hatte, zunutze gemacht. Dort hatte man damals probeweise, aber durchaus Ertrag versprechend Edelreben im Schutz der Burgmauern so gepflanzt, dass sie nächtens die Wärmeabstrahlungen, aber auch die Feuchtigkeit des Gemäuers zum Wuchs und zur Reife der kostbaren Trauben nutzen konnten.

Der Erfolg gab Daniel durchaus recht. Schon im letzten Sommer waren zwar noch wenige, jedoch recht ansehnliche Trauben gewachsen, und für das heurige Jahr versprach sich der Hobbywinzer eine Art Jungfernlese seines „Waldviertler gemischten Satzes".

Natürlich kam auch der alte Winzerfreund aus dem Weinviertel zweimal im Jahr zu ihm liefern, kam zu einem fröhlichen kleinen Umtrunk, zum Verkosten. Hin und wieder nächtigte der alte Freund hier, wenn eine Weiterfahrt wegen etwas zu eifrigen Weingenusses und zu langer angeregter Unterhaltung nicht mehr ratsam war.

Doch war der so geliebte und so typische Grüne Veltliner der Nordostregion Österreichs nur mehr für besondere Freunde und Kunden zu bekommen, was Eva und Daniel gottlob mit einschloss. Das sortentypische Bukett, den Pfeffer, die angenehme Säure und den unvergleichlichen Geschmack früherer Jahre und Jahrzehnte hatte auch dieser Wein jedoch nicht mehr.

Man hatte sich in dieser Region umstellen müssen. Da wuchsen jetzt vermehrt Muskatellertrauben, Sauvignon, aber auch Merlot und Cabernet franc. Und auch alte Rebsorten, die in früheren Jahrhunderten gediehen waren und aufgrund von Empfindlichkeiten gegenüber Schädlingen und Pilzen, aber auch wegen mangelnden Ertrags in Vergessenheit geraten waren, wurden wieder verstärkt gebaut, was nunmehr eine erstaunliche Vielfalt zur Folge hatte.

Im Burgenland und in der Steiermark musste man auf südländische Rebsorten umstellen, die hier gegen alle ursprünglichen Erwartungen hervorragende Weine ablieferten. So wurden die Gewächse, wie etwa im griechischen Korinth am Berge Naussa, nunmehr auch in diesen Regionen in Niederkultur gezogen, um sie vor der Hitze und der immer intensiver werdenden Sonneneinstrahlung, aber zur Not auch vor extremen Niederschlägen und Hagel zu schützen.

Letztlich war der Weinbau mehr als je zuvor zu einem immer größeren Wirtschaftsfaktor im ganzen Land geworden.

Überall in der Welt riss man sich um die herausragenden Gewächse aus den österreichischen Rieden.

Die Besuche des Winzerfreundes hatten neben den Weinlieferungen des nunmehr leider gewöhnungsbedürftigen, weil mild und säurearm gewordenen „Haustrunks" vordringlich den Zweck, die eigenen Stöcke begutachten zu lassen und sich Ratschläge zur Behandlung und zum Schnitt dieser zu holen.

Außerdem hatte man vereinbart, dass der Most der Jungfernlese in dessen Großkellerei gebracht werden könne, wo Daniel für seinen ersten Wein ein eigenes Holzfass bekommen sollte und die Vinifizierung also professionell überwacht werden würde.

Zukunftsmusik?

Daniel schwärmte jedoch oftmals von den ungeahnten Möglichkeiten.

Nun blickte er zwar einigermaßen verzagt auf die Schneehauben, die die jungen Stöcke bedeckten, tröstete sich aber mit der Versicherung des Freundes, dass der Schnee allein kein Problem darstelle. Im Gegenteil, solange es nicht extrem kalt sei, könnte man für das nächstjährige Wachstum eher Positives ableiten.

Eva verließ ihr kleines Sprechzimmer und kehrte in die Stube zurück. Inzwischen war es dunkel geworden. Sie knipste das Licht an, das den Behaglichkeit ausstrahlenden Raum unverzüglich in ein warmes Licht tauchte.

Sie fischte aus einer Lade eine Art Tagebuch hervor, das über viele Jahre zurückreichte, und trug das herrschende Wetter ein. Einige Minuten lang blätterte sie darin. Da fand man noch Eintragungen aus Wien, aus der Zeit der unerträglichen Sommer, die letztlich die entscheidenden Ursachen für die Übersiedlung gewesen waren.

Je älter das Ehepaar wurde, desto empfindlicher reagierte es auf Hitze. Beide waren Winterkinder, die gerade diese Jahreszeit besonders liebten. Beide waren aber auch seit jeher Stadtmenschen, die es jedoch immer wieder bei jeder Gelegenheit aufs Land ins Grüne gezogen hatte.

Lange Zeit war man unschlüssig, ob ein Leben in der Einschicht tragbar wäre.

In einem Sommer, einem einzigen Sommer, in dem es eine Unzahl an Rekordhitzetagen in Wien von knapp 45 Grad gegeben und in dem es in den Nächten nicht einmal in ihrem von Mauern geschützten schattigen kleinen Gärtchen im Erdgeschoss ihres Wohnhauses unter dreißig Grad abgekühlt hatte, war dann die endgültige Entscheidung zum Umzug gefallen.

Zusätzlich wechselte gerade in der Süd- und Ostregion ununterbrochen extreme Trockenheit mit sintflutartigen Regenfällen, die kaum mehr beherrschbar waren und in den schlimmsten Fällen zu absoluten Missernten geführt hatten.

Auch hier im Waldviertel war es spürbar wärmer geworden, doch die Nächte blieben weiterhin auch im Hochsommer angenehm kühl.

Die Sommer waren trocken, doch was diese an Nässe vermissen ließen, holten die Winter, wie auch gerade zu dieser Zeit, dem Gefühl nach doppelt und dreifach nach.

Auch im letzten Jahr hatte die Schneedecke bis weit in den April hinein keine Feldarbeit zugelassen. Dann allerdings war es schnell gegangen. Binnen kürzester Frist hatte ungewöhnliche Wärme die enormen Mengen der weißen Pracht dahinschmelzen lassen, hatte ein katastrophales Kamphochwasser hervorgerufen. Doch wie immer zeigten sich die noch wohlhabenden Bevölkerungsschichten höchst spendenbereit und recht rasch waren die Betroffenen mit dem Nötigsten versorgt.

Auch Daniel war hingefahren, war entsetzt von den Schäden gewesen, hatte zugepackt, soweit es seine Kräfte zugelassen hatten. Binnen Jahresfrist war dann das Schlimmste behoben.

Beim Blick hinaus aus den Fenstern kam nun erneut Panik auf. Ein weiteres Mal in so kurzem Abstand durfte sich Derartiges nicht wiederholen.

Eva legte ihr Tagebuch zur Seite. Auch sie fühlte sich nun einsam. Normalerweise kam zweimal in der Woche die Tochter des Försters, um ein wenig bei der Hausarbeit zu unterstützen. Eva und Daniel waren zwar weitgehend fit. Die vielen ausgedehnten Wanderungen im Bereich der höchsten Berggipfel in der Jugend und in den fortgeschrittenen Jahren und auch das aktive Leben jetzt an der Wende hin zum Alter hatten für die allgemeine Kondition der beiden Positives bewirkt. Doch man wurde nicht jünger und hie und da tat ein wenig Hilfe recht gut.

Die Nachbarstochter war flink und ging flott zur Hand, war froh über den Job, da dergleichen in dieser Region des Landes schon längst Mangelware geworden war. Sie hatte eine kleine Tochter zu versorgen und war mit dem Fahrrad recht flott zur Stelle.

Ihr Mann war längst weggezogen.

Jeder schien sich derzeit selbst der Nächste zu sein. Kaum jemand fühlte sich noch mit etwas intensiv verbunden.

Die Völkerwanderung der letzten Jahre hatte im Gedankengut der Leute deutliche Spuren hinterlassen. Mit den vielen Singlehaushalten und den andauernden und oftmals zermürbenden Kämpfen um die wenigen verbliebenen Arbeitsplätze hatte die Ich-Bezogenheit rapid zugenommen.

Die Flüchtlingswellen aus dem kriegsgebeutelten Nahen und Mittleren Osten, aus barbarischen, längst nicht mehr religiös begründeten Kriegsmaschinerien, hatten Europa überschwemmt. Hunderttausende hatten sich bereits nördlich der Alpen niedergelassen, hatten kriegserprobt und der nackten Not gehorchend mit Geschick und Brutalität die seit Generationen alteingesessenen, durch ein geregeltes Sozialsystem jedoch etwas bequem und angepasst gewordenen Zuwanderer aus Südosteuropa und aus der Türkei verdrängt. Diese waren Richtung Norden nach Tschechien und Polen weitergezogen.

Und die nächste gewaltige, in ihren Dimensionen angeblich noch niemals da gewesene Flüchtlingswelle würde nicht mehr lange auf sich warten lassen. Sie stand bereits vor Europas Toren.

Der alte Kontinent hatte schließlich die Notbremse gezogen.

Viele ehemalige Staatsgrenzen waren nun wieder dicht und auch der kleine, für viele betroffene Familien so angenehme Grenzverkehr stand still. Die Grenzregionen Nordösterreichs schliefen wieder, schliefen wie zur Zeit des Eisernen Vorhangs.

Man hatte sich allerdings recht rasch wieder daran gewöhnt.

Daniel wiederum sah diese Entwicklung mit einigem Missfallen, zumal er sich speziell aus der Grenzregion, aus Mähren und auch aus Böhmen, interessante Dokumente, Fotos und ebenso wichtige Informationen für sein Sachbuch erwartet hatte.

Sicher konnte man auch jetzt problemlos mit einem Personaldokument über die Grenze fahren, doch war man doch über einige Jahrzehnte daran gewöhnt gewesen, völlig unbehelligt die stets offenen Grenzbalken neben den verwaisten und verfallenden Zollgebäuden passieren zu können.

Damit war es nun allerdings vorbei. Personen und Wageninhalt wurden genau kontrolliert, wobei den Kontrollorganen mitgeführte Waren völlig gleichgültig waren, denn Zölle gab es in der EU auch weiterhin keine. Man wusste allerdings, dass Personenschlepper zu jeder List fähig waren. Und deshalb dauerten oft die Kontrollen länger als in früheren Zeiten und machten für Personen, die nicht zwingend über die Grenze mussten, die ganze Sache recht unattraktiv.

Die Abgeschiedenheit dieser Region hatte allerdings für die Betreffenden etliche Vorteile. Man konnte quasi aus der Einschicht heraus das Geschehen beobachten, war nicht so sehr am Puls der rasant wachsenden und immer gefährlicher werdenden Großstädte wie Wien, Linz oder Graz, wo in den Ballungszentren mehr als drei Millionen bzw. in den beiden Letzteren jeweils mindestens sechshunderttausend Menschen wohnten, drängten, um die Existenzen kämpften.

Natürlich waren Eva und Daniel durch den laufenden Kontakt zur Familie immer gut informiert und dahin gehend einigermaßen beruhigt, dass gerade in Wien der innerstädtische Bereich, wo die Kinder ja wohnten, allein schon wegen des ungebrochen boomenden Tourismus akribisch sicher gehalten wurde. Da durfte nichts Ernstes passieren, sonst wäre die große Kohle weg und die marode dahindümpelnde, auf ein Wachstum, das es einfach nicht mehr geben konnte, ausgerichtete Wirtschaft würde in ein nächstes bodenloses Loch fallen.

Wirklich dramatisch aber waren laut den diversen Fernsehberichten die Dramen, die sich im Bereich der neu errichteten Satellitenstädte jenseits des Donaustroms abspielten. Dort erinnerten manche Stätten bereits an die Slums der Megastädte Afrikas und Südamerikas.

Ein Wien-Bild, das keiner wollte.

Trotzdem oder gerade deswegen hatte es sich das Ehepaar zur Gewohnheit gemacht, viermal im Jahr in die Heimatstadt zu fahren, wobei die Fahrzeit im Allgemeinen kaum zwei Stunden betrug.

Man fuhr zu Zeiten, wo keine besonderen Verkehrsbehinderungen zu erwarten waren. Eva und Daniel waren den Stadtverkehr einfach nicht mehr gewohnt.

Sie fuhren auch nicht wegen eines geplanten Einkaufs in die Großstadt.

Mit ihrem zwar recht betagten, jedoch gepflegten Fahrzeug fuhren sie im Normalfall bestenfalls eine halbe Stunde bis in die nächstgelegene Bezirksstadt. Dort gab es grundsätzlich alles, was gebraucht wurde, zu beziehen.

Sonst lebte man weitgehend autark.

Man fuhr einfach nur nach Wien, um wieder einmal Großstadtluft zu schnuppern, die geliebte alte Wohnung und die Veränderungen der Umgebung zu betrachten. Man besuchte die Kinder, trank Kaffee mit ihnen, spazierte dann und wann auf den Stephansplatz, hielt kurz im herrlichen gotischen Dom Andacht, machte sich jedoch sehr bald wieder auf, um eine der früher so oft besuchten Buschenschenken im Norden Wiens zu frequentieren, sich mit den Wirtsleuten, mit denen man sich schon lange Zeit freundschaftlich verbunden fühlte, auszutauschen.

Im Laufe des Oktobers fuhren Eva und Daniel nur in die Metropole, um die Gräber der Eltern und Großeltern zu besuchen, wobei die Väter die Mütter um viele Jahre überlebt hatten. Der letzte Elternteil hatte erst vor wenigen Jahren in hohem Alter und nach langer Pflege seine Augen für immer geschlossen, was die Übersiedlung des Ehepaares aufs Land erst möglich gemacht hatte.

Man hatte den alten Herren in seinen letzten Lebensjahren trotz seiner immer anwesenden Pflegepersonen keineswegs im Stich lassen wollen. Mehrmals in der Woche hatte man ihn zu Hause besucht, nach dem Rechten gesehen; Daniel hatte die Finanzen und Bankgeschäfte des recht vermögenden Vaters akribisch verwaltet. Der alte Herr selbst wollte auch nach schwerer Krankheit in hohem Alter weiterhin zu Hause leben, in seiner gewohnten Umgebung. Allerdings war dies ohne dauernde Unterstützung nicht möglich. Man fand nette Pflegerinnen, die ihn betreuten, zumal es für Daniel und Eva zu dieser Zeit aus beruflichen Gründen nicht möglich war, rund um die Uhr anwesend zu sein.

Die Heimfahrt vom Herbstbesuch in der Heimatstadt war für das Ehepaar nicht immer risikolos. Es wurde schon recht zeitig finster. Vom Donauraum weg über das Tal der Schmida, hinauf zu den Höhen des Manhartsberges und dann weiter über die verschiedenen Höhenstufen des Waldviertels zogen oft dichte Bodennebel und es konnte durchaus vorkommen, dass ganz im Norden, bei der Durchfahrt durch nahezu unbewohnte Waldgebiete, schon Fröste die Fahrbahnen in spiegelglatte Eispisten verwandelten. Verbunden mit schlechter Bodensicht hatte sich so manche Fahrt durch die Einsamkeit in ein kleines Abenteuer verwandelt.

Sogar Daniel, der durch viele Jahrzehnte Praxis sehr routinierte Fahrer, fuhr da oft wie auf rohen Eiern. Man kannte zwar jede Kurve, jedes Geländemerkmal, jede Kuppe und doch sah gerade in dieser Jahreszeit vieles etwas anders aus oder man sah eben gar nichts.

War man dann glücklich wieder zu Hause, ging man doch noch das eine oder andere Mal vor das Gehöft und beobachtete das Spiel des Nebels, der durch die Wälder und Äcker unaufhaltsam herbeigekrochen kam. Das eine oder andere Mal blinkten noch ein einsamer Stern oder der Mond durch das Weiß, dann wurde es undurchdringlich, hüllte alles ein, verdeckte Feld, Wald und Hain.

Und rasch wurde es kalt.

Eva und Daniel atmeten dann noch das eine oder andere Mal tief durch, sogen die frische, kalte und feuchte Luft in sich auf und zogen sich dann doch recht bald in die angenehme Wärme der Stube zurück, öffneten zufrieden eine Flasche Wein, aßen eine Kleinigkeit zu Abend, besprachen die Erlebnisse des Tages, fütterten sodann die Öfen mit genügend Brennholz und zogen sich mit Polster und Decke ins Wohnzimmer zurück, wo sie sich genussvoll in den Lehnstühlen vor dem TV-Gerät niederließen.

Besonders stimmungsvoll war die Adventzeit.

Jede Gemeinde, jeder Ort leistete seinen Beitrag zu der stillsten Zeit im Jahr. In einem Dorf gab es ein Adventsingen, im anderen blies eine Musikkapelle Weihnachtslieder, in den Bezirksstädten boten auf kleinen, aber feinen Adventmärkten diverse Händler passend zu der Zeit ihre Waren feil.

Es gab keine enorm große Auswahl, aber man fand immer etwas, um jemandem eine kleine Freude bereiten zu können.

Und auch die Rotte, wo Eva und Daniel ihren Hof besaßen, wollte da keineswegs nachstehen.

Eva hatte es sich, wie auch schon in Wien, zu einer lieb gewordenen Gewohnheit gemacht, einen großen Adventkranz selbst zu binden. Sie schmückte damit die Hofeinfahrt, steckte große Wachsstumpen in die dafür vorgesehenen vier Glasgefäße, band diese mit Draht an den Kranz. Regelmäßig, jeden Abend bei Einbruch der Dunkelheit wurden die Lichter entzündet.

Auch wenn das Ehepaar mangels anderer Menschen, die in der Dunkelheit vorbeikamen, nur selbst beim Blick durch die

Fenster die Lichter wahrnahmen, so gehörte es einfach dazu, dass der Bereich der Einfahrt Woche für Woche heller und die Freude auf das bevorstehende Weihnachtsfest immer größer wurde.

Die kahlen Äste des Nussbaums mussten dafür herhalten, den vielen, vielen, über Jahre hindurch gesammelten, selbst erzeugten Weihnachtsschmuck zu tragen. Hübsch, festlich sah das aus, manches vielleicht auch ein wenig eigenwillig, bizarr.

Und auch der Förster tat das Seine dazu.

Regelmäßig schmückte er das steinerne Kreuz an der Straßengabelung mit Zweigen und einer Laterne, die von Daniel regelmäßig bei Einbruch der Dämmerung zum Leuchten gebracht wurde.

Alles war bescheiden, allemal jedoch sehr stimmungsvoll.

Einmal, ein einziges Mal meinten Eva und Daniel den Adventrummel in der Großstadt zu vermissen und waren deshalb mit dem Bus nach Wien gereist.

Man wollte die seit vielen Jahren bekannten Standbetreiber auf dem stimmungsvollen Wintermarkt gleich neben dem Riesenrad im Prater wieder einmal besuchen.

Dort war jedoch nichts mehr …

Stattdessen hatte sich das ganze Geschehen auf große Teile der Ringstraße konzentriert, die für diese Zeit für jeden Verkehr gesperrt war.

Hunderte, Tausende Busse standen jenseits des Gürtels auf eigens dafür vorgesehenen Parkplätzen; die Menschen wurden mit unzähligen Shuttlebussen und historischen Straßenbahnzügen in den innerstädtischen Bereich hineingekarrt und dort im Dunstkreis der gewaltigen, taghell erleuchteten Einkaufsstraßen ausgeladen. Bis Mitternacht boten die internationalen Großkonzerne und Warenhandelsketten all das feil, was über das ganze Jahr hindurch in unzähligen Werbebotschaften als für die Menschheit unverzichtbar und ganz gezielt geschaffenen Trends gehorchend angepriesen worden war. Es wurde jeglicher Ramsch gekauft, zumeist auf Pump erstanden, es wurde gestohlen, die Taschendiebe hatten Hochsaison – egal …

Die immer mächtiger werdenden Großkonzerne, die nur mehr wenigen Großbanken, die die Finanzwelt diktierten und viele der Magnaten aus Osteuropa besaßen ohnehin längst weite Teile der innerstädtischen Liegenschaften, die Luxusherbergen, unzählige Restaurants.

Und überall roch es nach Burger, Pizza, Curry, Bratwürsteln, Langos und Kebab.

Eine Wolke aus Glühweindämpfen und sündhaft teurem, synthetisch hergestelltem alkoholarmen Punsch schwebte über der Stadt. Aufgrund der ungeheuren Massen, die zu den diversen Ständen drängten, um jeden Zentimeter Raum kämpften, denen in der Winterbekleidung die Hitze der unzähligen Wärmelampen zu Kopf stieg, und alles zusammen statt vorweihnachtlicher Besinnlichkeit eher die Aggressivität anheizte, wurde diese Reduzierung des Alkoholgehalts von höchster Stelle aus verordnet.

Der Erfolg diese Aktion bestand letztlich darin, dass die Menschen noch mehr davon konsumierten und damit noch mehr Geld in die Wirtschaft pumpten, Geld, das sie ohnehin kaum hatten. Es war den Leuten völlig egal, ob jetzt ein Konto mehr oder weniger überzogen und der Schuldenstand wieder höher geworden war.

Jahrzehntelang hatten die Gemeinwesen, Kommunen und Staaten vorgelebt, wie man auch mit unglaublicher Schuldenbelastung über die Runden kommen würde.

Was kostet die Welt? Es gibt kein Morgen und irgendwie würde es schon weitergehen …

Das Ehepaar mischte sich für wenige Minuten in die Menge von Abertausenden Touristen aus aller Herren Länder.

Wenige Minuten …

Eva und Daniel blickten einander kurz an und flohen, marschierten so rasch es ging, zurück auf den Praterstern, setzten sich verstört auf eine Bank am Busbahnhof und warteten sehnsüchtig auf ihr Verkehrsmittel, das sie unverzüglich wieder von hier wegbringen sollte.

Lange warteten die beiden, froren erbärmlich.

Endlich, nach langem Ausharren erschien der Bus, der durch den undurchdringlichen Verkehr rund um den Ballungsraum ziemliche Verspätung hatte.

Weg, nichts wie weg …

Verächtlich, nein, fast wütend warf man noch einen letzten Blick zurück auf das Lichtermeer der Stadt, der bis zum Gipfel der Geschmacklosigkeit aufgemotzten Touristenmetropole, wo gleichzeitig jenseits der Donau, weit draußen in den Slumsiedlungen, die bittere Armut und der Kampf ums nackte Überleben herrschten.

Wo war der Advent geblieben, wo waren die vielen Maronibrater der Jugendzeit und der Duft nach Lebkuchen hingekommen, was war aus den Drehorgelspielern geworden, wo konnte man hier noch den Sinn des bevorstehenden Weihnachtsfestes fühlen?

Lange Zeit sprachen die beiden kein Wort.

Der zunächst prall gefüllte Bus leerte sich zusehends.

Es wurde ruhig; letztlich hielt das Gefährt in der Bezirksstadt, wo die beiden ihr Auto geparkt hatten.

Das Ehepaar nahm sich bei der Hand und schlenderte auf den verträumten Hauptplatz mit den hübschen bunten spätmittelalterlichen Giebelhäusern, wo gerade die ortsansässige Pfadfindergruppe Bratkartoffeln mit Speck und Glühmost zur Labung anbot. Von Weitem schon erkannte man die emsig werkenden jungen Leute in ihren roten Hemden und den bunten Halstüchern. Viele der Jugendlichen kannte man schon längst persönlich und freute sich über ein Wiedersehen zu fröhlichem Anlass.

Eingedenk der langen Pfadfinderkarriere des Sohnes und selbst Träger eines hohen Ehrenzeichens dieser so wichtigen Jugendbewegung war Daniel mit Freude zur Unterstützung der Gruppe bereit; man nahm gerne das Angebotene an, stärkte sich und der unnötige Stress ließ rasch nach. Man traf Bekannte, lachte; es wurde ein fröhlicher Umtrunk, glückliche Stunden.

Eva und Daniel schworen einander, niemals wieder zur Adventzeit in die Großstadt zu fahren. Und sie waren diesem Versprechen treu geblieben.

So sehr die ganze Familie Weihnachten geliebt hatte, solange man noch in Wien gewohnt hatte, der Großvater noch am Leben war und die Kinder, Sohn mit Freundin, im Erdgeschoss des eigenen Hauses gewohnt hatten, so sehr sehnte man sich nun in der Einsamkeit oftmals danach zurück. Es war einfach nicht mehr wie früher.

Viele Jahrzehnte lang war der Ablauf des 24. Dezember bis auf wenige zumeist krankheitsbedingte Ausnahmen in Zusammenhang mit den alternden Eltern immer gleich gewesen.

Um neun Uhr früh war der Sohn außer Haus gegangen, hatte sich mit seinen Pfadfinderfreunden getroffen, das Bethlehemlicht in die verschiedenen Häuser des Stadtviertels getragen.

Inzwischen hatte man das Festmahl vorbereitet, den Weihnachtstisch gedeckt, das schönste, trockenste Buchenholz im offenen Kamin aufgeschichtet, den Festwein, zumeist ein jahrelang gut gelagerter roter Barriquewein aus der Südsteiermark, dekantiert und die diversen Geschenke unter den Christbaum gelegt, dessen Erwerb ebenso traditionell geregelt war: Wenige Tage vor Weihnachten waren Eva, Daniel und der Sohn gemeinsam zu jenem Händler marschiert, zu dem man schon jahrelanges Vertrauen bezüglich der Qualität der Bäume hatte. Es musste immer eine Tanne sein und die Christbaumspitze musste bis zur Zimmerdecke reichen, also weit über drei Meter.

Gegen Mittag war man dann zur Pfarrkirche gepilgert, wo viele Jahre lang ein treuer alter Pfadfinderfreund gesessen war und vorüberziehende Leuten gegen eine kleine Spende mit dem Friedenslicht ausgestattet hatte.

Immer hatten Eva und Daniel eine gute Flasche Wein für den in der Kälte sitzenden Freund mit. Oft war auch der Pfarrer vorbeigekommen, hatte allen ein frohes Fest gewünscht. Gemeinsam mit dem Sohn war man dann nach Hause zurückgekehrt, wo der frisch herausgebackene Fisch aus der Bratröhre duftete.

Nach dem Mittagmahl war man auf die Friedhöfe gefahren, hatte dort an den Gräbern das Friedenslicht entzündet.

Gegen vier Uhr war man nach Hause zurückgekehrt, hatte die vorbereiteten Köstlichkeiten der Küche fertig gestellt, die Keksteller hergerichtet und mit Genuss ein wenig von jenem feinen Gebäck genascht, das alte, treue Patienten in der Vorweihnachtszeit erzeugt und Eva als kleines Dankeschön für ihre medizinische Betreuung überreicht hatten. Manchmal kam auch ein wenig Traurigkeit, Nachdenklichkeit auf, denn eine ganz spezielle Köstlichkeit, die man lange schon kannte und schätzte, fehlte plötzlich. Deren Erzeugerin war offenbar aus Gründen des fortgeschrittenen Alters nicht mehr in der Lage, den Back-ofen zu bedienen oder die Teige zu kneten; oder sie weilte nicht mehr unter den Lebenden ...

Etwa um die gleiche Zeit hatte sich regelmäßig der Sohn mit dem Großvater in der Innenstadt am Michaelerplatz getroffen. Man war durch die weihnachtlich geschmückte Stadt spaziert, hatte gemeinsam Punsch getrunken und dann schön langsam den kurzen Fußmarsch zur Bescherung heim ins Elternhaus der Kinder in Angriff genommen.

Gegen sieben Uhr hatten sich dann alle vier unter dem Christbaum versammelt. Daniel hatte Saxofon gespielt, der Sohn Gitarre. Es wurde gesungen, es wurden Gedichte rezitiert, Weihnachtsgeschichten gelesen.

Dann wurde gemeinsam zu Abend gegessen, Wein getrunken, es wurde gelacht, gemeinsam hatte man sich über die Geschenke gefreut.

Gegen Mitternacht hatte man dann den Großvater zur Straßenbahn begleitet und war anschließend zur Christmette geeilt.

Nun, in der Einschicht, war tatsächlich einiges anders geworden. Der Christbaum war aufgrund der niedrigen Räume zu einem Bäumchen geschrumpft, das allerdings aus dem eigenen Wald stammte und regelmäßig im Laufe des Jahres ausgesucht wurde. Mit Akribie achtete Daniel darauf, dass sich kein Wildtier daran gütlich tat.

Der Sohn feierte das Christfest mit seiner Familie daheim in Wien und den von allen geliebten Großvater, den gab es schon geraume Zeit nicht mehr.

An köstlichen Dingen aus Küche und Keller mangelte es allerdings auch weiterhin nicht. Mußestunden und Geschick führten bei dem Ehepaar zu besonderer Kreativität beim Backen der Weihnachtskekse, deren Rezepte aus alten Aufzeichnungen der Großeltern stammten.

Und auch die umliegenden Nachbarn sowie Evas Patienten stellten sich oftmals mit geräucherten Würsten, gesurtem Fleisch oder traditionellem Mohngebäck ein, dessen Erzeugung den Zugereisten in Qualität und Zusammensetzung nicht so ganz geläufig war.

Zur Christmette musste man jedoch mit dem Auto fahren, was bei schlechter Witterung nicht gerade angenehm war. Jedenfalls war es aber auch hier zu einer schönen Tradition geworden, dass die Pfadfinder vor dem Gottesdienst das Friedenslicht verteilten und so der anschließenden Mette besondere Helligkeit verliehen.

Trotzdem war gerade das Fest der Liebe ein Tag, an dem dem Ehepaar die Einsamkeit besonders zu schaffen machte.

Eine gewisse Linderung war allerdings der Gedanke daran, dass ja am Stefanitag, am zweiten Weihnachtstag, die Kinder zu Besuch kommen würden.

Daniel legte die Pfeife mit dem zerkauten Stiel zur Seite, das alte Stück, ein Andenken an seinen Urgroßvater.

In früheren Zeiten hatte es noch ein richtiges dreibeiniges Rauchtischchen gegeben, mit Intarsien, hübsch anzusehen, doch nach damaliger Ansicht seiner Eltern wackelig und unpraktisch, außerdem höchst unmodern für die 70er. Lange Zeit war es im Haus der Großeltern im Wienerwald in einem kleinen Vorraum herumgestanden, der sogenannten und immer wieder belächelten „Ahnengalerie", wo viele Urkunden der Urgroßeltern, wie beispielsweise das Dokument des Gemeinderats eines Marktes im „Herzogtum Niederösterreich", das dem Urgroßvater sein Bürgermeisteramt bestätigt hatte, hingen. Dann gab es noch weitere kaiserliche Belobigungsurkunden für Verdienste um die k. u. k. Nordbahn und auch die aufwendig hergestellten und kunstvoll verzierten Dokumente in Zusammenhang mit dessen Obmannschaft von Freiwilliger Feuerwehr und Männergesangsverein.

Leider waren all diese Andenken an frühere Generationen der angesehenen Weinviertler Familie im Zuge des Verkaufs der dortigen Liegenschaft Mitte der Siebzigerjahre verloren gegangen, dort verblieben.

Manchmal ärgerte sich Daniel, dass er sich nicht mehr um diese Dinge gekümmert hatte, doch damals war er jung, hatte andere Dinge und alle möglichen Flausen im Kopf, und er hatte Eva noch nicht gekannt. Seine langjährige Ehefrau hätte alles daran gesetzt, dass die zum Teil in wertvollen Rahmen eingefassten Erinnerungsstücke nicht verloren gegangen wären.

Irgendwo hätte man sicher Raum zum Archivieren gefunden. Und auch wenn sie längere Zeit in einer Kiste geruht hätten, hier im historischen Gehöft wäre der ideale Platz dafür gewesen, sie wieder auszugraben und zur Betrachtung und Erinnerung aufzuhängen.

Doch was soll's – weg ist weg und verloren ist verloren, die erste Wegwerfgeneration hatte damals erbarmungslos zugeschlagen.

Der ältere Herr nahm seine Kamera, fotografierte rasch noch ein Dokument, verstaute sie sodann im Dokumentenschrank, notierte stehend noch einige kryptische Anmerkungen dazu auf einer langen Liste, legte diese auf den Dokumentenstoß und ließ das ganze Paket in die oberste Schublade seines Schreibtisches gleiten. Beim Schließen dieser streifte sein Blick die andere Lade, die er noch nicht völlig in ihre ursprüngliche Lage zurückgeschoben hatte, jene Lade, die die Mappe mit den Postkarten und dem ominösen Brief enthielt.

Daniel fuhr sich durch sein weißes Haupthaar, schob beide Laden kraftvoll, lautstark in den Tisch hinein und stand auf.

Er schaltete seine Schreibtischlampe aus und blickte einige Sekunden lang in die ihn umgebende Dunkelheit. Rasch gewöhnte sich der Mann daran, zumal durch den Regler und die kleinen Öffnungen des Ofentürchens die Glut rot schimmerte.

Er schob seinen Schreibtischsessel zurecht, wandte sich um und ging in den angenehm erleuchteten Flur hinaus, wo er auf Eva traf. Er zwinkerte ein wenig und rieb sich die Augen.

„Machst du Schluss, Daniel?"

„Ja, ich muss ein wenig an die frische Luft."

„Dann kannst du dich aber gleich ein wenig nützlich machen."

Eva grinste und reichte dem Mann die Schneeschaufel, die gleich neben der Kleiderablage stand.

Daniel ergriff sie, stellte sie jedoch sofort wieder zur Seite, streifte seinen warmen blauen Daunenanorak über, setzte die dicke rote Wollmütze auf und fuhr in seine wasserabweisenden Fäustlinge hinein. Zuletzt zog er seine hohen Stiefel an, wickelte sich einen alten braunen Wollschal um den Hals, ergriff erneut die Schneeschaufel und trat ins Freie.

Der Sturm hatte ein wenig nachgelassen, nicht aber der Schneefall. Daniel plagte sich. Nach wenigen Minuten schwitzte er aus allen Poren.

Der Schnee war fest geweht; mühsam schob der ältere Herr die weißen Massen vor sich her und zur Seite, um zumindest die Bereiche um Eingangstüre und Garageneinfahrt einigermaßen begehbar zu machen.

Manchmal hielt er inne, blickte zurück und schnaubte ungehalten.

„So ein Blödsinn, das bringt doch nichts, der Wind weht alles gleich wieder zu."

Matt schienen die Lichter der Laterne, die oberhalb der Haustüre montiert war, und auch die aus den Fenstern. Fürsorglicherweise hatte Eva die Vorhänge zur Seite geschoben, um ihrem Mann eine etwas bessere Sicht zu ermöglichen.

Nach einer guten halben Stunde Plage gab Daniel auf. Schwer atmend blieb er stehen und stützte sich auf den Stiel seiner Schneeschaufel.

Er wandte sich um und blickte in das Stubenfenster hinein, wo Eva mit der Zubereitung des Abendessens beschäftigt war und soeben einen Topf roten Glühweins zugestellt hatte.

In freudiger Erwartung nahm dies der Mann zur Kenntnis und stapfte bedächtig zum Haustor zurück.

Einmal noch zogen flüchtige Gedanken an den soeben wiederentdeckten Brief, an die so prägenden Erlebnisse der Jugend an ihm vorbei. Ein längst vergangenes Bild war plötzlich präsent: Irgendwo in der ominösen Ledermappe müsste ja noch sein Antwortschreiben an Sylvia liegen, ein Schreiben, das ebenso wenig vollendet war wie die so schwierige Beziehung selbst und das er niemals weggeschickt hatte.

Kälte und Schnee brachten ihn jedoch sehr rasch in die Realität zurück, eine Realität, die er wohl zu schätzen wusste, und er dachte dankbar an eine günstige Fügung seines Schicksals.

„Good times never seem so good ..."

Weiß Gott, warum ihm gerade jetzt, hier in unwirtlicher Kälte diese Textzeile des Refrains aus Neil Diamonds „Sweet Caroline" eingefallen war.

Ein Stück frühe Jugend oder mehr …

Zufriedenheit oder ein wenig Traurigkeit über Verlorenes, verlorene Emotionalität, Spontanität.

Vielfach hatte man ihm nachgesagt, er würde trotz seines fortgeschrittenen Alters in seinen Gedanken so jugendlich frisch wirken, so freundlich, so optimistisch und voller positiver Energie.

Vielleicht stimmte das ja gar nicht und sein schauspielerisches Talent würde der Umwelt eine Komödie darbieten, ein Bild, das gar nicht der Realität in seinem Seelenleben entsprach.

Wie auch immer …

Daniel hob die Schneeschaufel empor und hieb sie kraftvoll in einen der vielen Schneehaufen, die neben dem ausgeschaufelten Pfad den Nachweis seiner mühevollen Tätigkeit gebildet hatten.

Er trat zur Eingangstüre, befreite, so gut es ging, seine Kleidung von Schnee und Eis, stampfte mit seinen Stiefeln kraftvoll auf den gefliesten Boden im Türbereich und betrat schwer atmend das Haus.

Eva eilte ihm entgegen und half ihm aus der durchnässten Oberbekleidung, nahm Mütze und Fäustlinge, kehrte in die Stube zurück und legte das nasse Zeug sorgsam auf die warme Ofenbank. Daniel folgte seiner Frau.

Schon beim Eintreten in die Stube roch man den gut gewürzten Glühwein, dessen Duft sich rasch im ganzen Haus ausbreitete.

„Super! Den brauche ich jetzt wirklich!"

„Dachte ich mir … ist wohl schlimm draußen …"

„Kann man wohl sagen; wenn es wenigstens Pulverschnee wäre und nicht das schwere angewehte Zeug, dann müsste man sich nicht so plagen."

Noch immer schwer atmend trat Daniel zum Herd, nahm einen dicken Topflappen und hob den Topf mit der dampfenden, köstlich duftenden Flüssigkeit vom Herd.

Er füllte zwei große Steinguttassen mit dem dunkelroten Getränk und trug sie vorsichtig zum Tisch, wo bereits einige Schnitten dunkles Bauernbrot, einige Scheiben Selchfleisch, ein vom Nachbarhof stammender Paprikaspeck, den Daniel besonders schätzte, und ein großes Stück hellgelber, intensiv riechender Käse auf einem großen Holzteller vorbereitet lagen.

Auch Eva setzte sich zu Tisch und stellte das Radio an.

Der Regionalsender brachte Blasmusik.

Daniel grinste und langte nach dem Selchfleisch.

„Wir sind auf dem Land, da passt das."

Eva verzog ebenfalls ihr Gesicht zu einem fröhlichen Lächeln und Daniel nickte zustimmend.

Der Weißhaarige nippte vorsichtig am heißen Glühwein, nahm eine Schnitte Brot und begann das Selchfleisch in mundgerechte Stücke zu schneiden.

Schweigend aß man, lauschte der leisen Volksmusik.

Die Pendeluhr schlug sieben Uhr.

„Ah – Nachrichten …"

Daniel drehte das Radio lauter.

Mit erregter Stimme berichtete der Nachrichtensprecher von einer neuen Flüchtlingswelle bisher ungeahnten Ausmaßes, die sich von Südosten her kommend bereits im slowenisch-steirischen Grenzbereich befinden würde.

Eva blickte besorgt auf und legte ihr Messer zur Seite.

„Es ist mir unverständlich, woher die vielen Leute kommen. In den Gebieten kann doch schon längst niemand mehr existieren. Da ist doch alles nur mehr öde, entvölkert und kaputt. Ich verstehe nicht, wofür die Terrorbanden eigentlich noch kämpfen."

Ein Sprecher der Bundesregierung versuchte in einem Interview zu beschwichtigen. Alles sei nicht so schlimm. Man würde die Leute schon irgendwo unterbringen.

Jedenfalls möge man in manchen touristisch etwas weniger erschlossenen Bereichen der Ostregion Radio- oder TV-Geräte für diverse Anweisungen eingeschaltet lassen.

Nun wurde auch Daniel hellhörig und blickte plötzlich höchst skeptisch drein.

Der Appetit war ihm vergangen.

Rasch erhob er sich vom Tisch und verließ hastig die Stube.

„Was hast du vor? Warte!"

Eva sah dem Davoneilenden verwundert nach.

„Ich muss die Kinder anrufen. Wer weiß, ob die Bescheid wissen und was da noch alles kommen könnte. Ich habe jedenfalls ein ganz ungutes Gefühl."

„Sag bloß, du meinst, dass die Wiener Wohnung und das Haus in den Bergen betroffen sein könnte?"

„Keine Ahnung …"

Daniel blickte sich in der Türe kurz um und sah seine ansonsten so kritische und sich mit ihren Vermutungen zumeist im Recht befindliche Frau verständnislos an. Wie konnte man in dieser Situation so naiv sein? Das passte so gar nicht zu ihr.

Zügigen Schritts marschierte Daniel in sein Arbeitszimmer, ging zum Schreibtisch und begann die Nummer der Kinder in das Telefon zu klopfen. Kurz hielt er inne, schluckte nervös und wurde bleich im Gesicht.

Ganz plötzlich war ihm eine Geschichte eingefallen, eine wahre Geschichte von einem Ereignis, von dem die Urgroßmutter immer wieder berichtet hatte:

Der Zweite Weltkrieg hatte sich dem Ende zugeneigt; längst waren die Sowjets in Ostösterreich einmarschiert, benötigten Herbergen für ihre Soldaten; requirierten rücksichtslos jedes Zimmerchen, jeden geschützten Winkel der vielfach zerstörten, dem Erdboden gleichgemachten Gebiete. Und sie waren auch in das Haus der Urgroßeltern eingedrungen, hatten sich dort eingenistet, betrunken gewütet, vieles Wertvolle unwiederbringlich zerstört. Da hatte alles Bitten des Hausherrn, bereits ein alter Mann, nichts genützt. Die Soldaten hatten bloß böse gelacht und mutwillig das nächste schöne Stück zerstört.

Kurz nach Kriegsende war der alte Herr dann völlig gebrochen verstorben. Niemals hatte er es verwunden, dass sein Haus besetzt worden war, sein Haus.

Leider war diese grundsätzlich so angesehene Familie mit einem finanziell wenig glücklichen Händchen ausgestattet. Schon nach dem Ersten Weltkrieg, zu Beginn der Zwanzigerjahre, hatte man in den unsicheren Zeiten der neu entstandenen und wenig überlebensfähig erscheinenden Ersten Republik das in Familienbesitz befindliche Gasthaus der Poststation an der mährischen, dann tschechoslowakischen Grenze zum ungünstigsten Zeitpunkt veräußert. Die folgende galoppierende Inflation hatte den Verkaufserlös binnen kürzester Zeit vernichtet.

Rasch wählte Daniel zu Ende. Es ertönte das Freizeichen; niemand hob ab. Der Weißhaarige versuchte es am Mobiltelefon. Es meldete sich die Sprachbox …

Daniel hinterließ die Bitte um Rückruf.

Dann kehrte er mit besorgter Miene zu seiner Frau in die Stube zurück.

Der Radiosender spielte Volksmusik …

⸻

„Es ist eine bodenlose Frechheit!"

Mit Bestimmtheit und Nachdruck knallte Daniel seine Faust auf den Stubentisch.

Leni erschrak; so kannte sie den Großvater nicht.

Richard nahm seine Tochter bei der Hand, warf seinem Vater einen bitterbösen Blick zu und verließ mit der Kleinen die Stube.

Und auch Marion, die an sich sehr gut mit dem Schwiegervater klarkam, runzelte verärgert die Stirn.

Eva nahm Daniels Rechte, versuchte diesen ein wenig zu beruhigen, doch es half wenig; der Mann war außer sich.

Vor wenigen Stunden erst waren die Kinder im Waldviertel angekommen, waren schleunigst aus der Stadt geflüchtet, hatten sich mühselig durch Eis und Schnee durchgekämpft, hatten berichtet, dass die Regierung kurzfristig Anweisungen gegeben hatte, dass in den Großräumen Wien und Graz alle Besitzer von Wohnungen, die über einhundertzwanzig Quadratmeter groß, von nicht mehr als von drei Personen bewohnt wären und nicht in den touristischen Zentren, wie etwa in der Wiener Innenstadt lägen, unverzüglich einer Flüchtlingsfamilie Asyl bieten müssten. Man hätte sich sofort zu melden. Die Personen würden dann zugewiesen. Die Kommune oder der Staat würden dann nach Möglichkeit zu gegebener Zeit Entschädigungen leisten.

Bei Zuwiderhandlungen würden empfindliche Strafen bis hin zur Zwangsenteignung drohen.

Zeitig am Morgen hatten sich die drei auf den Weg zu den Eltern gemacht; hatten sich gleich nach deren Ankunft zu einem Familienrat eingefunden.

Richard hatte eine aktuelle ernst zu nehmende Tageszeitung mitgebracht, wo der oben genannte Aufruf in Balkenlettern abgedruckt war. Daniels Wut über diese undemokratischen, ja diktatorischen Maßnahmen kannte keine Grenzen.

Und obwohl Richard und seine Frau natürlich ähnliche Gedanken und Gefühle hegten, so mussten sie trotz allem dem Vater gegenüber mit dem Ausnahmezustand argumentieren, der vonseiten der Bundesregierung für Süd- und Ostösterreich verhängt worden war, und so an dessen Vernunft appellieren.

Eva hatte sich bislang überraschend ruhig verhalten, hatte nur versucht den Wütenden zu beruhigen.

Doch nun platzte auch ihr der Kragen.

Sie lief hinaus in den Flur und rief nach ihrem Sohn, der Leni in der Zwischenzeit im Wohnzimmer vor dem Videorekorder platziert hatte.

Postwendend erschien Richard wieder und versuchte nun seinerseits die Mutter versöhnlich zu stimmen.

„Mutti, es reicht, wenn der Vater durchdreht. Momentan hilft nur vernünftiges Denken. Du kennst doch unseren alten Herren, du weißt, wie emotional er reagieren kann."

Eva nickte und geleitete Richard in die Stube zurück.

Wenige Augenblicke lang schwieg man.

„Tut mir leid, Kinder ..."

Daniel blickte entschuldigend in die Runde, stand auf und begann in der Stube auf und ab zu gehen.

Marion erhob sich ebenso, trat zum Schwiegervater und strich ihm über den rechten Arm.

„Ist schon gut, Daniel."

Richard seufzte auf, sah zum Herd hinüber, wo schon seit Minuten dampfender Tee im Topf wallte und versuchte einen Blick des Vaters zu erhaschen.

„Was soll nun wirklich geschehen?"

Daniel zuckte mit den Achseln.

„Keine Ahnung … nein, wartet kurz!"

Der Weißhaarige blickte auf und sah seinem Sohn scharf in die Augen.

„Und ihr habt tatsächlich in der Wohnung alles dichtgemacht, alle Schlösser versperrt, alle Vorhänge zugezogen?"

„Ja, selbstverständlich!"

Marion hatte sich eingemischt und sah nun ihren Mann Zustimmung heischend an.

„Ja, klar."

Richard nickte zustimmend und strich seiner Frau zärtlich über die Hände, deren verkrampfter Zustand die Fingerknöchel weiß erscheinen ließ.

„Gut … wo niemand ist, kann auch niemand zugewiesen werden. Es sind Schulferien; ihr könntet ja alle auf Urlaub sein. Ich schlage vor, ihr bleibt die nächste Woche einfach einmal hier und wir warten ab, was sich weiter tut."

„Das ist aber keine Lösung, Papa."

Richard schüttelte unzufrieden den Kopf.

„Weißt du denn derzeit eine bessere?"

„Nein …"

Die Kinder blieben.

Leni war ganz aus dem Häuschen über den vielen schönen Schnee. Immer wieder mussten Schneemänner gebaut werden.

Und doch schwebte über allem ein dunkler Schatten.

Obwohl man des Kindes wegen vereinbart hatte, so wenig wie möglich über das Dilemma zu sprechen und gute Miene zum bösen Spiel zu machen, so schlichen die Erwachsenen doch immer wieder um das Radio, den Fernseher herum, um aktuelle Entwicklungen zu erfahren.

Die Berichte waren jedenfalls alles andere als ermutigend.

Die Ballungszentren Ostösterreichs glichen belagerten Städten, die Exekutive war heillos überfordert. Selbstjustiz griff um sich.

Die einzige Beruhigung lag im Moment darin, dass es in den inneren Bezirken Wiens noch halbwegs ruhig war.

Daniel traute der Sache nicht und vermutete, dass es nur noch eine Frage der Zeit wäre, bis der Flüchtlingsstrom die Innenstädte erreichen und die einheimische Bevölkerung die Flucht nach Norden oder Westen antreten würde.

Nicht nur die eigenen Kinder hatten hier in der Gegend Verwandte oder Freunde oder sie besaßen selbst Haus, Grund und Boden.

Jedenfalls entschloss man sich, so rasch als möglich beide Autos flottzumachen, Schneeketten anzulegen und in die nahe Bezirksstadt zu einem Großeinkauf zu fahren.

„Wer weiß …"

Eva und Daniel waren durch viele Erzählungen der eigenen Eltern oder Großeltern gewarnt, wie schnell es doch in Ausnahmezeiten zu echten Versorgungsproblemen kommen könnte.

Und obwohl man es durchaus gewöhnt war, von den Nachbarn Lebensmittel wie Brot, Fleisch, Wurst oder Milchprodukte zu bekommen, also Essbares, das die eigenen Ressourcen nicht hervorbrachten, so traute man nun auch dieser bislang so angenehmen, verlässlichen und praktischen Quelle nicht mehr richtig.

Jeder war sich letztlich selbst, seiner Familie, seinen Freunden oder dem eigenen Geldbeutel der Nächste.

Daniel hatte recht behalten sollen.

Viele hatten nämlich die gleiche Idee und waren zudem auch noch früher dran.

Alles drängte sich in die Bezirksstadt hinein; es wurde gehortet, die Geschäfte leer gekauft. Fast wären Daniel und seine Familie zu spät gekommen, mussten letzten Endes beim teuersten Fleischhauer, beim Spezialbäcker und im Delikatessengeschäft einkaufen. Und auch die Zigarettenvorräte der Trafik waren nur mehr begrenzt; man nahm einfach, was es noch gab.

„Sei's drum", hatte Daniel lakonisch gemeint, als man voll bepackt zurück zum Hof gefahren war.

„Darauf kommt es nun auch nicht mehr an."

❦

Daniels schlimmste Befürchtungen waren vollinhaltlich eingetroffen; knüppeldick war es gekommen …

Die von kriegserprobten Flüchtlingen belagerten Städte nahmen, was nicht niet- und nagelfest war, bauten damit Baracken, drangen in Häuser ein. Es war ihnen alles egal. Wer konnte es ihnen auch verdenken? Sie hatten bei Gott nichts mehr zu verlieren.

Die eigenen Leute waren geflohen. Die Beschaulichkeit und der Friede des Lebens im Waldviertel, in der Einschicht auf dem Lande hatten mit einem Schlag ein jähes Ende gefunden.

Binnen weniger Tage hatte mit Vehemenz die Schneeschmelze eingesetzt. Mit den nunmehr wieder problemlos zu befahrenden Hauptstraßen waren Kolonnen an Autos gekommen. Ohne Rücksicht hatten die Insassen ganze völlig durchnässte Waldgebiete in Besitz genommen, hatten dort im Morast ihre Zelte aufgeschlagen.

Die Streusiedlung, wo Evas und Daniels Hof lag, hatte man allerdings noch nicht erreicht.

Es war allerdings nur eine Frage der Zeit, bis es so weit wäre ...

Richard war mit seiner Familie hiergeblieben. Es hätte keinen Sinn gemacht, auf gut Glück in die Stadt zurückzukehren.

Nach vielen Telefongesprächen und vielem Hin und Her hatte man sich nun dazu entschlossen, zu Verwandten nach Westen, nach Tirol, zu fahren. Auch Eva wollte man sicherheitshalber mitnehmen. Doch diese lehnte kategorisch ab. Es lag ihr so gar nicht, einfach davonzulaufen oder untätig zu bleiben. So nahm sie den eindringlichen Aufruf der Organisation „Ärzte ohne Grenzen" an und reiste, ohne lange über die Konsequenzen nachzudenken, in den Südosten Österreichs, wo Auffangquartiere für nachströmende Flüchtlinge errichtet worden waren. Zuerst hatte sich die Organisation ein wenig wegen des doch etwas fortgeschrittenen Alters der Ärztin geziert, andererseits war natürlich jede erdenkliche Hilfe von erfahrenen Medizinern gefragt.

Nur Daniel weigerte sich mit ungewohnter Starrköpfigkeit mitzuziehen. Wenn schon der Wiener Familienbesitz verloren gehen sollte, was ja nur eine von negativen Gedanken beherrschte Vermutung war, dann wollte er zumindest hier im Waldviertel den Hof gegen mögliche Übergriffe verteidigen.

Stunden-, tagelang hatte man auf den Dickkopf eingeredet, ihn von der Kurzfristigkeit des Vorhabens zu überzeugen versucht – umsonst.

Die Familie gab letztlich auf und ließ Daniel schweren Herzens zurück. Man würde ja in absehbarer Zeit wieder zurückkehren und der Mann wäre längerfristig ohnehin mit allem versorgt.

Teile der vorhandenen großen Barschaft, die in der Truhe ruhte, wollte man zuerst gerecht aufteilen. Daniel verzichtete jedoch zugunsten der Kinder auf den Gutteil seines Anteils; er würde schon irgendwie zurechtkommen und es würde sich mit der Zeit ohnehin alles wieder regeln. Und auch Eva meinte in den Lagern durchaus versorgt zu sein und nahm nur das Notwendigste mit.

Gold, Schmuck und Wertpapiere ließ man in der fest verriegelten Truhe zurück.

Daniel zog sich daraufhin völlig zurück, verließ sein Arbeitszimmer nur zu den Abendstunden. Mit einem Windlicht ausgestattet ging er in Keller und Küche, um seine Vorräte zu überprüfen und etwas Nahrung und Wein zu sich zu nehmen.

Alle Welt sollte glauben, er sei mit der Familie Richtung Westen gefahren und hier wäre nichts zu holen.

Verbissen und ohne Kontakt zur Außenwelt arbeitete er mit immerwährend geschlossenen Vorhängen an seinem Werk, hörte zwischendurch die neuesten Nachrichten und alte Schallplatten und betrachtete mit grimmiger Miene ein ums andere Mal Hoefnagels Vogelschau.

Tatsächlich aber war er zutiefst besorgt. Die Lage besserte sich nicht. Weder die Regierung noch das Bundesheer schienen die Lage unter Kontrolle zu bekommen. Sämtliche Verordnungen, wie auch die von ihm so heftig kritisierte, wurden wegen Sinnlosigkeit außer Kraft gesetzt. Das Faustrecht schien zu regieren.

Hin und wieder erhielt er wenigstens Anrufe, kurze Mitteilungen von Eva und den Kindern, dass es ihnen so weit gut ginge und dass es zumindest im Westen weitgehend normal zuginge.

Er schrieb, ordnete rastlos seine gesammelten Unterlagen und Dokumente, fand letztendlich auch sein Schreiben an Sylvia, das er weder vollendet noch jemals abgesendet hatte.

Missmutig, ambitionslos, emotionslos legte er es in die Mappe zurück; es war gleichgültig geworden, hatte für sein Leben ebenso wenig Relevanz wie das Schreiben des Mädchens selbst.

Der Nachrichtensender warnte in der Zwischenzeit vor verstärkten Übergriffen in Nordösterreich und ersuchte die Bevölkerung um erhöhte Vorsicht.

In der Einschicht des Weilers, der Rotte war es allerdings vorerst gegen alle Erwartungen ruhig geblieben.

Trotzdem sortierte Daniel alle wichtigen Dokumente in die alte Mappe ein, verpackte sorgsam alle wichtigen Datenträger, nahm die paar Tausend Euro Barschaft, etwas zu essen und zu trinken, etwas Leibwäsche, einige Päckchen Zigaretten, Taschenmesser und Feuerzeug, tat alles in einen großen Rucksack und stellte diesen griffbereit neben seine Schlafstelle, die er sich als einfache Matratze mit Polster und Decke im Arbeitszimmer eingerichtet hatte. Am Fußende platzierte er seine schweren Bergschuhe.

Wenige Tage danach, es war ein heller Vorfrühlingstag, begann sich Daniel etwas sicherer zu fühlen. Das eine oder andere Mal lugte er vorsichtig bei der Haustüre hinaus und schnappte nach Frischluft, was ihm guttat.

Noch immer war es ruhig, die Vögel zwitscherten, das erste zarte Grün lugte zwischen den letzten Schneeflecken aus der braunen Erde.

Erstmals nach langen Tagen keimte so etwas wie schwache Hoffnung in ihm auf.

Es dämmerte und Nebel begann sich über die Rieden zu senken.

Plötzlich vernahm er aufgeregte Stimmen, viele fremde Stimmen, Männerstimmen, Frauenstimmen, Stimmen einer Sprache, die er nicht kannte, nicht zuordnen konnte. Unverzüglich schloss er leise die Türe und verhielt sich still.

Und auch draußen wurde es wieder einigermaßen ruhig, dann herrschte völlige Stille.

Der ältere Herr tappte in die Küche und schob vorsichtig einen Fenstervorhang ein wenig zur Seite. Unscharf waren da Gestalten zu erkennen, die sich unschlüssig dem Gehöft näherten.

Vermummte, offenbar mit Knüppeln bewaffnete Menschen begannen rund um sein Haus zu lagern. Daniel konnte nicht abschätzen, wie viele es tatsächlich waren.

Leise ging er in das Arbeitszimmer zurück, nahm geräuschlos den gepackten Rucksack auf, zog die schweren Schuhe an, streifte eine dicke Jacke über, schritt vorsichtig durch den Flur in die Vorratskammer und von dort aus über die steile Treppe auf den Dachboden.

Er wartete …

Rasch war die Nacht hereingebrochen und noch immer herrschte gespenstische Ruhe.

Auf ein barsches Kommando hin erhob sich Geschrei, Gejohle.

Man hieb, man trat gegen die Eingangstüre, schlug gegen die Fenster, Glas zerbarst, Holz splitterte. Binnen weniger Sekunden war der Weg hinein in das Haus frei.

Heftig schlug Daniels Herz, er litt unter Atemnot, doch er verhielt sich weiterhin still. Deutlich vernahm er, wie eine Person nach der anderen in den Hof eindrang, vernahm die Schritte der Menschen, die nun genau das Haus inspizierten, vernahm offenbar zufriedene Stimmen.

Die Türe zur Vorratskammer öffnete sich, es wurde wie auch im ganzen übrigen Haus Licht gemacht. Mit der Zunge schnalzend hatte man sichtlich die reichen Vorräte zur Kenntnis genommen.

Wiederum wartete Daniel.

Bald war dann wieder weitgehend Ruhe eingekehrt. Man hörte nur mehr leise Stimmen, dann ein bestimmtes Kommando. Offenbar wurden die Räumlichkeiten an verschiedene Personen verteilt.

Wenige Sekunden wartete der Mann noch zu, schulterte sodann seinen schweren Rucksack und stieg vorsichtig, langsam und lautlos die Treppe in die Garage hinunter.

Wieder wartete Daniel.

Es blieb ruhig.

Vorsichtig schlich er rechts neben seinem Wagen vorbei zum Tor, öffnete es leise einen Spalt und kroch ins Freie, in Nacht und Nebel hinaus.

Er blieb einige Sekunden lang am Boden liegen, versuchte sich zu beruhigen, sein Atem ging wieder leichter.

Sodann erhob er sich und verließ ungesehen, langsam und gebückt, ohne noch einmal zurückzublicken, sein Gut. Niemand schien ihm zu folgen. Er schritt in einem großen Bogen am Rande des Kartoffelackers vorbei zum steinernen Kreuz und nahm den Weg rechts in den Wald hinein, wo er kurz rastete und sich vor Aufregung und Anstrengung zitternd eine Zigarette anzündete. Ratlos hockte er da und sog den Rauch in sich auf. Was sollte er tun, wohin sollte er sich wenden?

Aus der Ferne vernahm er noch ganz leise das Klingeln seines Telefons.

Wieder splitterte Glas, etwas Hartes fiel geräuschvoll zu Boden, das Klingeln erstarb.

PRATERSTERN

EPILOG

Der Nebel lichtete sich ein wenig.

Immer noch dümmlich vor sich hin kichernd schob Daniel die Kastanie wiederum zu Franz zurück. Dieser reagierte jedoch nicht; er war ein wenig in sich zusammengesunken. Das kannte der Weißhaarige; der langjährige Kumpan war wieder einmal eingeschlafen.

Einmal blickte der Mann noch verächtlich auf den verschmutzten Betonboden hinunter, dann stand er auf und ging langsam die wenigen Schritte hin zum mächtigen, von Taubenkot jedoch ziemlich verschmutzten und dadurch verunstalteten Reiterstandbild des Admirals Tegetthoff, das sich beherrschend inmitten des Pratersterns erhob. Er wandte seinen Kopf nach links und blickte sehnsüchtig in Richtung jener Brücke, die über die kleine Donau hinüber in den benachbarten Wiener Gemeindebezirk führte.

Viele seiner Kollegen sahen ihm nach; diese Eigenart des Mannes kannte man zur Genüge. Ob Sommer oder Winter, mehrmals am Tage wiederholte sich das eigenwillige Geschehen und niemand wusste, warum er sich so verhielt.

Auf die eine oder andere Frage nach dem Sinn erhielt man lediglich „Wer rastet, der rostet" oder „Ich brauche einfach Bewegung" zur Antwort, was ihm jedoch niemand so richtig glaubte.

So viel Daniel über das Schicksal vieler seiner Kumpanen wusste, so wenig wussten diese über sein eigenes. Selten sprach er über sich; er hörte lieber zu, half dem einen oder anderen aus einer Notlage, gab sogar das eine oder andere Stück Brot, Wurst oder auch einen Schluck Wein her.

Der Mann hatte seine Wanderung beendet und war zu seiner Bank zurückgekehrt. Er blickte prüfend um sich, sah zu Franz hinüber und bemerkte zu seiner Verwunderung, dass der Mann nunmehr gänzlich vornüber gebeugt dasaß. Schlaff hingen seine Arme herab.

Daniel trat hinzu und schüttelte den Kumpanen kräftig.

„Franz, was ist los?"

Der Mann antwortete nicht. Reaktionslos, kraftlos rutschte dieser von der Bank, glitt hinunter auf den Boden, blieb dort bewegungslos liegen.

„He! Helft mir! Mit dem Franz stimmt etwas nicht!"

Daniel winkte andere Kumpanen zu sich und beugte sich über den Freund. Leblos lag er da.

„Ruft die Polizei!"

Zaghaft zerstreute sich die Menschentraube. Irgendein Mutiger riss sich am Riemen, ging zum nahe gelegenen Wachzimmer und kehrte mit einem Polizisten zurück.

„Der ist hin ... da brauchen wir keine Rettung mehr anrufen ... wissen Sie etwas?"

Stirnrunzelnd blickte der Beamte zu Daniel, der wie angewurzelt dastand. Der Mann war in Polizeikreisen als integer und problemlos bekannt. So erwartete der Polizist eine sinnvolle Antwort.

„Keine Ahnung ... wir haben noch ein wenig mit einer Kastanie gekickt; er war recht lustig, glauben Sie mir; dann ist er allerdings eingeschlafen ... ich war dann wie immer beimTegetthoff ... und jetzt ..."

„Danke, Herr Daniel, passt schon ..."

Der Beamte machte sich einige Notizen, ließ Daniel auf einem Formblatt seine Aussage unterschreiben und bestellte telefonisch einen Transportwagen, der auch postwendend erschien.

„Auf die Prosektur ..."

Der Beamte und zwei Insassen des Wagens bargen den Verstorbenen, hüllten ihn in einen Kunststoffsack, schoben ihn in das Wageninnere und fuhren leise davon.

Daniel stand noch immer regungslos da und blickte verstört ins Leere.

„Tut mir leid ..."

Der Polizist packte Daniel am Oberarm und sah ihm einige Sekunden fest in die Augen.

„Sie haben ihn ja ganz gut gekannt ..."

„Ja."

Der Polizist wartete ein wenig, bis sich alles beruhigt hatte, schritt zum Polizeiwagen, holte etwas hervor, stellte es vorsichtig, ja fast heimlich unter Daniels Bank, entfernte sich sodann und der Heruntergekommene setzte sich wieder.

Minutenlang saß er schweigend da und blickte zum Himmel hinauf, wo gerade das erste Mal seit vielen Tagen ein wenig die Sonne durch das Nebelgrau blinzelte.

Monika hatte sich von ihrem Schlafplatz erhoben und näherte sich dem Mann.

„Darf ich?"

Die Frau wartete die Antwort des Weißhaarigen nicht ab, sondern setzte sich einfach neben ihn.

„Schlimm."

„Was, wie bitte …"

Wie aus einem Traum gerissen blickte Daniel erschrocken um sich und rieb sich die Augen.

„Was machst du denn da?"

„Ich habe dich doch gefragt."

„Ist schon gut, habe ich nicht mitbekommen."

„Ich will dich aber nicht stören …"

„Nein, bleib da … ist ohnehin alles egal."

„Hast du etwas zum Saufen?"

„Augenblick …"

Daniel griff tastend unter seine Bank, wo er zu seiner Überraschung eine volle Zweiliterflasche Weißwein entdeckte. Fragend blickte er um sich.

„Ist vom Polizisten."

„Aha …"

Unsicher sah er zu dem anderen Kumpanen hin, der das Geschehen aus der Distanz offenbar ein wenig besser mitbekommen hatte.

Hastig, aber erfolglos drehte er am Schraubverschluss, stöhnte kurz auf und reichte Monika die Flasche. Im Nu hatte sie diese geöffnet und zog kräftig daran.

„Ah …"

Zufrieden setzte die Frau ab und stellte das Gebinde neben sich auf den Boden.

„Danke, Daniel, du bist der Beste."

„Bin ich nicht …"

Daniel wandte sich Monika zu und blickte sie traurig an.

„Einmal kommt sie wieder, das weiß ich."

„Wer?"

Der Weißhaarige wandte seinen Blick wieder von Monika ab, sah ein paar Augenblicke zu der nunmehr leeren und im Nu von einem Putztrupp gereinigten Bank hinüber, senkte seinen Kopf und schwieg.

Erneut griff die Verwahrloste neben sich, erneut setzte sie die Flasche an den Mund und trank gierig.

Daniel beachtete sie nicht mehr.

Mit dem Ableben des alten Kumpanen hatte sein Leben einen weiteren Sinn verloren.

Er biss sich auf die Lippen und fuhr sich mit den Händen durch seine wenigen struppigen, schmutzigen Haarsträhnen.

Wieder einmal hatte er alles falsch gemacht, hatte bei Nacht und Nebel aus Angst und Panik fluchtartig den Bauernhof im Waldviertel verlassen, hatte sich weiters nicht darum gekümmert, dass man der Familie, von Staatsseite aus, wie über die Medien versichert, die Wiener Wohnungen und das von Flüchtlingen genutzte Haus in den Bergen abgefunden hatte. Er war zu stolz dazu gewesen, für sich und anstelle der immer noch in Tirol weilenden Kinder als Bittsteller zu den Behörden zu gehen. Längere Zeit hatten zwei Flüchtlingsfamilien in den herrlichen Räumen gehaust und keiner wusste, wer heute dort wohnen würde. Daniel hatte immer nur über die Brücke hinübergeschaut; Nachschau hatte er jedoch nie gehalten.

Das Geld, das er aus dem Waldviertel mitgebracht hatte, war auch bald verbraucht.

Die überteuerte Miete für die winzige Wohnung, die er kurzfristig bewohnt hatte, hatte das Ihre zu diesem traurigen Umstand beigetragen. Und auch um seine Pensionszahlungen oder um seine Autorenhonorare hatte er sich nicht mehr gekümmert.

Auf einem Konto eines Waldviertler Kreditinstituts in der schmucken Bezirksstadt müsste alles Geld vor sich hingammeln.

Er war nie mehr hingefahren, hatte sich vor Gott und der Welt dafür geschämt, alles im Stich gelassen zu haben. Er wollte das alles, was liebevoll aufgebaut und nun wahrscheinlich verwüstet war, einfach nicht mehr sehen.

In seinen Gedanken war er stets bei Frau und Familie. Die Sorge um sie hatte ihn zermartert, beherrscht, in allen Aktivitäten gehemmt. Auch wenn man von ihrer Seite aus versucht hätte, ihn zu erreichen, es wäre sinnlos gewesen. Längst besaß er kein Telefon mehr.

Immer wieder war ihm der Gedanke gekommen, dass er ohne seine geliebte Frau lebensunfähig wäre. Die Überlegung hatte ihn nicht losgelassen und noch mehr gehemmt.

So war er letztlich vor bald eineinhalb Jahren, als ihm nichts mehr anderes übrig geblieben war, als hierher auf den Praterstern zu pilgern, als Unterstandsloser, auf Hilfe und Unterstützung anderer angewiesen, hier gelandet, was sein ohnehin wenig ausgeprägtes Selbstvertrauen erst recht in den Keller hatte sinken lassen.

So waren die Tage, die Wochen und Monate vergangen; unzählige Weißweinflaschen waren an ihm vorübergezogen; Leute waren verstorben; ihren Platz hatten unverzüglich andere eingenommen.

Alles Interesse war Daniel verloren gegangen. Auch wenn es oft unbequem war, es war ihm hier lieber als woanders; hier ließ man ihn wenigstens in Ruhe.

Und er meinte, dies wäre wohl das Einzige, das er sich nach seinem verkorksten mutlosen Leben verdient hätte.

Ohne Zukunft, ohne Sinn vegetierte er dahin, verbohrte sich immer mehr in trübe, selbstvernichtende Gedanken, die nur eine Tröstung fanden:

„… einmal kommt sie wieder …"

Monika war aufgestanden und hatte Daniel seinem Schicksal überlassen. Bedächtig schritt sie zu einer anderen Bank, um dort um Flüssiges zu betteln.

Der Siebzigjährige hatte sich indes zurückgelehnt und die Augen geschlossen.

Seine einzige Zuflucht, die ihn am Leben erhielt, war der Traum; Träume von früher, von der wilden und emotionsgeladenen Jugend, von seiner Ehe, von seinem Buben, den er neben seiner Frau über alles geliebt hatte, Gedanken an seine Bücher, an seine vielen früheren ehrenamtlichen sozialen Tätigkeiten in maßgeblichen Funktionen, in Schule, Pfarre oder Pfadfinderbewegung.

All das war ihm doch manchmal an guten Tagen ein gewisser Trost für so viele falsche, aus Feigheit, Bequemlichkeit und mangelndem Mut getroffene Entscheidungen.

Dieser jedoch war kein guter Tag ...

Plötzlich schrak Daniel auf. Da war etwas Ungewohntes, jedoch sehr Vertrautes, was er aus der Entfernung vernahm.

Es waren Schritte, kleine, aber feste, flotte Schritte.

Er öffnete die Augen, richtete sich, so rasch er konnte, auf, hob seinen Kopf und spähte um sich.

Da trippelt sie tatsächlich einher, die kleine, zierliche Frau; ein wenig gebückter als in früheren Zeiten, aber voller Energie.

Sie sah nicht um sich, sondern überquerte schnurstracks eilig den Platz.

Daniel erhob sich schnell, schneller als ihm sein angeschlagener, verbrauchter Gesundheitszustand erlaubte, und er humpelte ihr tollpatschig nach.

Sie schien ihn nicht zu bemerken, fühlte sich jedoch irgendwie verfolgt und beschleunigte ihre Schritte.

„Eva ...“

Daniel nahm all seinen Mut zusammen und rief ihr mit heiserer Stimme nach.

Die kleine Frau zuckte zusammen und blieb stehen.

Ungläubig drehte sie sich um, blickte kurz um sich, schüttelte den Kopf, runzelte die Stirn und setzte ihren Weg fort.

„Eva!“

Nochmals versuchte Daniel die Aufmerksamkeit auf sich zu lenken. Die Frau reagierte jedoch nicht, zu laut war die umgebende Geräuschkulisse von Bahnsteigen und Straßenbahn, sein Rufen verlor sich; sie beschleunigte erneut ihren Gang. Zielstrebig schritt sie zum breiten Eingangstor des Bahnhofes. Ihre blaue Jeansjacke wehte im Herbstwind. In der Rechten trug sie einen weißen Stoffsack, der mit Hoefnagels Vogelschau bedruckt war.

Eva zwängte sich durch eine Menschengruppe und blieb kurz vor der Anzeigetafel der kommenden und abfahrenden Züge stehen.

Daniel war außer Atem.

Plötzlich hatte ihm die Menschentraube die Sicht verstellt.

Eva lebte und es ging ihr offenbar gut, waren die einzigen Gedanken, die Daniel fassen konnte; und wenn es ihr gut ginge, dann gälte dies wohl auch für die Kinder.

Erstmals seit vielen Wochen lächelte der Mann. Er drehte sich auf der Stelle um und strebte wieder bedächtig seiner Bank zu.

Noch immer lächelnd ließ er sich auf den harten Kunststoff fallen, langte nach seinem Rucksack und zog die alte Mappe mit den vielen alten Papieren hervor. Er kramte eine Weile darin und förderte sodann Sylvias Brief und auch sein nie vollendetes Antwortschreiben zutage.

Er wendete die vergilbten, schmutzigen, zerknüllten Papierstücke einige Male hin und her, betrachtete sie noch einmal eingehend und zerriss sie mit seinen zittrigen Händen in winzig kleine Fetzchen.

Behutsam ließ er sie zu Boden gleiten, wo sie der Herbstwind in Empfang nahm und mit sich forttrug.

Schweigend sah ihnen Daniel nach, bis sie seinen Blicken entschwunden waren.

Er lehnte sich zurück, schloss müde die Augen und eine angenehme, eine wohlige Wärme machte sich in seinem Körper breit.

Der Alte wusste nicht, wie lange er so dagesessen war; plötzlich jedoch meinte er wiederum diese kleinen flotten Schritte zu vernehmen, Schritte, die sich näherten, wieder leiser wurden, wieder lauter.

Wie aus weiter Ferne schien jemand seinen Namen zu rufen; eine vertraute Stimme.

Auch sie wurde einmal lauter, dann wieder leiser; dann wiederum laut und deutlich, wie ganz in seiner Nähe.

Daniel hob seinen rechten Arm, streckte ihn aus, bot seine Handfläche dar, spürte eine kleine, zarte Hand, die sich in seine legte, wie schon Tausende Male zuvor.

„Komm Daniel, gehen wir."

„Wohin?"

„Vertraue mir."

Er spürte, wie er sich erhob; leicht ging es, ganz leicht …

Er humpelte auch nicht mehr; wie auf Watte ging er neben ihr her.

Ihre Schritte waren im Gleichklang, wie so viele Jahrzehnte hindurch, wurden leiser und leiser, bis sie sich in der Weite des Platzes verloren.

FÜR AUTOREN A HEART FOR AUTHORS À L'ÉCOUTE DES AUTEURS MIA KAPΔIA ΓIA ΣΥΓ
FÖR FÖRFATTARE UN CORAZÓN POR LOS AUTORES YAZARLARIMIZA GÖNÜL VERELIM S
PER AUTORI ET HJERTE FOR FORFATTERE EEN HART VOOR SCHRIJVERS TEMOS OS AU
SERCE DLA AUTORÓW EIN HERZ FÜR AUTOREN A HEART FOR AUTHORS À L'ÉCC
ВСЕЙ ДУШОЙ К АВТОРАМ ETT HJÄRTA FÖR FÖRFATTARE À LA ESCUCHA DE LOS AUT
MIA KAPΔIA ΓIA ΣΥΓΓΡΑΦΕIΣ UN CUORE PER AUTORI ET HJERTE FOR FORFATTERE EE
SERCE DLA AUTORÓW EIN HERZ F
ERZÖINKÉRT
ORAÇÃO ВСЕЙ ДУШОЙ К АВТОРАМ ETT HJÄRTA F

Der Autor

Reinhard Bicher, 1957 in Wien geboren, leitet zivil-
beruflich eine eigene Wirtschaftsdienstleistungs-
firma. Daneben ist der Familienvater in sozialen
Belangen engagiert. Die ersten Höhepunkte seiner
schriftstellerischen Tätigkeit erlebte der mit einer
Ärztin verheiratete Autor mit der Publikation seines
Romans „Griff nach den Sternen" (2005) und des
Lyrikbandes „Brückenschlag" (2007) sowie mit
der dreibändigen analytischen Reihe zur TV Serie
„Dawson's Creek" (2008/2009) und die Fort-
schreibung einer US-amerikanischen Familienserie
„Es-Dur" (2010).

Der Verlag

*Wer aufhört
besser zu werden,
hat aufgehört
gut zu sein!*

Basierend auf diesem Motto ist es dem novum Verlag
ein Anliegen neue Manuskripte aufzuspüren, zu ver-
öffentlichen und deren Autoren langfristig zu fördern.
Mittlerweile gilt der 1997 gegründete und mehrfach
prämierte Verlag als Spezialist für Neuautoren in
Deutschland, Österreich und der Schweiz.

**Für jedes neue Manuskript wird innerhalb
weniger Wochen eine kostenfreie, unverbind-
liche Lektorats-Prüfung erstellt.**

Weitere Informationen zum Verlag und
seinen Büchern finden Sie im Internet unter:

w w w . n o v u m v e r l a g . c o m

Reinhard Bicher

Das späte Dawson's Creek

ISBN 978-3-85022-358-4
236 Seiten

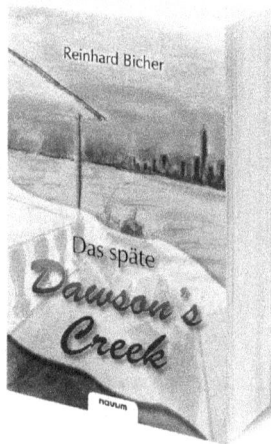

Der Wiener Autor Reinhard Bicher versucht anhand von
Episodenbeschreibungen und Kritiken, das „späte Dawson's
Creek", also die letzten beiden Serienstaffeln zu beleuchten,
und auf die Fragestellung „Höhepunkte oder Abgesang von
Dawson's Creek" eine weitgehend objektive Antwort zu
finden …

novum VERLAG FÜR NEUAUTOREN

Reinhard Bicher

Dawson's Creek – Das Zentrum

ISBN 978-3-85022-482-6
252 Seiten

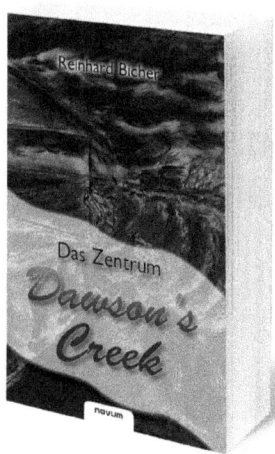

Im zweiten des insgesamt dreibändigen Werkes wird anhand von Episodenbeschreibungen und Analysen das „zentrale Dawson's Creek", also die beiden mittleren, für die weiteren Handlungsverläufe so maßgeblichen Staffeln der US-TV-Serie, kritisch hinterfragt und durchleuchtet.

Reinhard Bicher

Dawson's Creek –
Die Wurzeln

ISBN 978-3-85022-483-3
220 Seiten

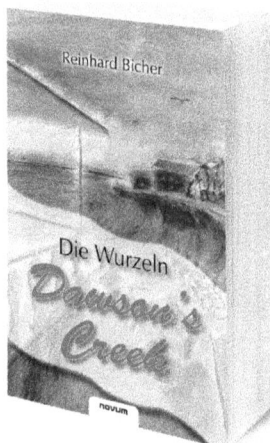

Mit seinem letzten Band schließt Reinhard Bicher seine ana-
lytische Betrachtung zur TV-Serie „Dawson's Creek" fulminant
ab. Der finale Streich untersucht anhand von Episoden-
beschreibungen und Analysen die beiden ersten, so unglaub-
lich feinfühligen und von allen Fans mit großer Begeisterung
quittierten Serienstaffeln …

Reinhard Bicher

Es-Dur

ISBN 978-3-99003-010-3
310 Seiten

Über zehn Jahre sind seit dem Ende der TV-Serie „Everwood"
vergangen; viele Protagonisten haben sich trotz der Welt-
wirtschaftskrise etabliert und leben in den USA verstreut. Ein
simpler Verkehrsunfall löst nun eine ganze Kaskade an Ereig-
nissen aus, deren Auswirkungen alle in ganz unterschiedlicher
Form zu tragen haben …